我們都是惡人

安東尼・史脫爾／著
林步昇／譯

從人際關係到國際政治，
由心理學認識人類生來就要作惡的本性，
我們該如何與惡相處並利用其正面價值？

Human Aggressior
written b
Anthony
Stor

目錄

獻給康拉德・勞倫茲[1]

以無比的敬愛

1 康拉德・勞倫茲（Konrad Lorenz, 1903-1989）：奧地利動物行為學家，亦是比較行為學研究先驅，曾獲諾貝爾生理醫學獎。

前言

鮮少有人會反駁這項主張：人類是很凶悍（aggressive）[2]的生物。除了特定嚙齒科動物之外，其他脊椎動物都不會慣性地自相殘殺，其他動物也不會藉由虐待同類獲得快感。我們通常把最令人髮指的人類暴行，冠上「野蠻」或「禽獸」

2 本書中的「aggressive」與「aggression」意思多元，正負面意涵皆有，難以用單一中文詞彙涵蓋，但為求譯文一致，大多譯為偏負面意涵的「攻擊性」、「攻擊傾向」或「攻擊行為」，仍會視上下文脈絡詮釋，有時會保留或附上原文。

等詞，暗指這類行為描述比我們低等的動物。殊不知，僅有人類做得出極端的「野蠻」行為。我們對彼此殘忍無比的行徑，在自然界中可謂絕無僅有。雖然沉重，事實是，我們是地球史上最殘酷又無情的物種。我們讀到報紙上或史書中人類相殘的暴行時，也許會覺得駭人聽聞，然而心裡卻也明白，每個人內心深處都藏有凶殘的衝動，足以導致殺人、施虐和戰爭。

下筆探討「人類的攻擊性」（human aggression）實屬困難，因為這一詞用來指涉很多不同意思。而英文中「aggression」更屬於人人都知道卻難以定義的字。按照心理學家和精神科醫師所說，它所涵蓋的人類行為包山包海：嬰兒漲紅著臉哭鬧、一心想要拿奶瓶，可以用「aggressive」（胡鬧）形容；法官判搶劫犯三十年徒刑，屬於「aggressive」（強硬）的態度；集中營守衛虐待無助的受害者，更是「aggressive」（不擇手段）的行為。而長期受冷落的妻子揚言或企圖自殺，設法重拾丈夫的好感，雖然較不明顯卻也是「aggressive」（脅迫）。當一個字應用得如此廣泛，既可以指足球員的猛烈攻勢，也可以指殺人犯的血腥暴力，理應棄之不用，否則就需要更精細的定義。「aggression」這個字的意涵多到不能再多了。然而，我們尚未能清楚界定、理解這個字所涵蓋的人類行為多重面向，因此暫時無法揚棄這個概念。

我們很難清楚劃分哪些屬於人人譴責的行為，哪些又是我們賴以維生的行為。小孩不服從權威時，固然是強悍的表現，但也凸顯了邁向獨立的原動力，是成長過程中珍貴而必要的一環。我們都曉得，對權力的渴望若走向極端，往往伴隨可怕的災難，但努力設法克服難關、學會如何駕馭外在世界，才能促使人類締造輝煌的成就。部分學者把「aggression」定義為「遭遇挫折後的反應」或「目標反應是傷害生物（或其替代品）的行為」。筆者認為，這些定義反而局限了「aggression」這項概念，無法展現該字設法表達的人性深層面向。舉例來說，我們用來描述動腦活動的字詞都頗具攻擊性：我們會「attack」（應付，亦有『攻擊』之意）或「get our teeth into」（認真處理，字面意義為『咬住』）問題；經過奮力克服困難後，我們便可以「master」（駕馭，亦有『主宰』之意）某個主題；我們「sharpen」（鍛鍊，亦有『變得銳利』之意）自己的機智，希望培養腦袋的「敏銳度」（a keen edge），遇到問題可以「dissect」（剖析）成不同部分。雖然需要動腦的工作經常帶來挫敗感，但若主張所有的動腦活動都源自挫敗感，只會讓理解與掌握外在環境的正面衝動，蒙上一層過於負面的色彩。

人性的凶悍面不只是抵抗掠奪者攻擊的必要防衛機制，也是智識成就與自立自強的基礎，甚至是能否在同伴間自豪地抬頭挺胸的前提。這並非全新的概念。歷史學家吉朋[3]曾發表一篇知名的文章，其中對於人性的見解，極為類似心理治療師的主張。不過，相較於心理治療師著重性與攻擊的本能，吉朋寫的是「尋歡之愛與行動之愛」：

在種種最為高尚又自由的脾性中，我們可以指出兩項再自然不過的偏好：尋歡之愛與行動之愛。若尋歡之愛先受藝術與學養陶治，再以社交魅力改善，並且在公允考量經濟、健康和名譽後適當修正，便可打造絕大部分的幸福私生活。而行動之愛的本質更加強烈、更容易啟人疑竇，經常會導致憤怒、野心與復仇；然而，在禮節與仁德的引導下，行動之愛便會成為百善之母；若所有的善還伴隨著相應的能力，那整個家庭、國家或帝國得以安定繁榮，也許就得感謝個人展現的無畏勇氣。因此，我們可以將大部分迷人的特質歸因於尋歡之愛，將大部分務實又體面的特質歸因於行動之愛。兩者結合互補後的性格，似乎就構成最完美的人性。而麻木又冷感的脾性勢必兩者皆

3 愛德華・吉朋（Edward Gibbon, 1737-1794）：十八世紀英國歷史學家，著有歷史長篇《羅馬帝國衰亡史》。

無，理應會被全人類所排斥，既無法賦予個人任何幸福，亦不能為世界帶來任何福祉。但當今世界上，守舊的基督徒無意追求迷人或務實的特質。

吉朋清楚認知到：最惡劣的侵犯行徑與人類最珍貴的成就，其實有著共同的根源。人類本性若缺乏積極好鬥的一面，就更無法掌控自我生命或影響周遭世界。實際上，若非人類天生富有攻擊性，我們根本不可能取得當前主宰世界的地位，甚至連生存下去都是妄想。

說來悲哀又弔詭，促進人類締造卓越成就的特質，也很可能導致人類自取滅亡。人類在邁向目標的過程中，無情地壓制或掃除每個障礙，即使是同胞也無法倖免。如今，人類坐擁威力無與倫比的武器，同時顯然並未內建防止同類相殺的保護機制，因此難保人類不會導致智人這個物種遭到殲滅。

後文是筆者身為心理治療師，對於人性中侵略本質的省思，所提的觀點絕非在灌輸教條，所有心理治療師都面臨著相同困境：儘管自己對部分人士理解相當透徹，所有結論一定都是基於社會整體的少數特定樣本。此外，心理治療界有許多理論難以用科學證實，因為心理治療師努力關注的是個人整體。在實驗室中，心理學家可以打造不同實驗，譬如多少能單獨喚起具攻擊性的情緒，而後加以研究，再運用統計方法呈現結論。這些實驗幾乎都有一項缺點：即所有的實驗情境都太過局限，大幅偏離現實中的生活。舉例來說，在許多情況中，攻擊或尋釁的行為已與恐懼和性密不可分。衷心希望有朝一日，精確卻受限的實證派觀點與界定模糊但涵蓋廣泛的心理治療見解，可以相互調和成某種共識。於此同時，我們必須遷就不完整又未經證實的假說，盡力而為。

針對侵略問題，西方社會當前最揮之不去的夢魘當屬對核武的恐懼。戰爭問題所引起的關注可謂史無前例，而挑起戰爭的情況又複雜詭譎，並非單一個人或觀點可以通盤理解。任何人誇口能解決如此根深柢固的問題，心態都傲慢得不值得信任；本書也不會提出這類解方。然而，筆者相信，若希望有朝一日見到現世安穩，除了考量政治、經濟等因素，也要同等地重視人類的心理層面。因此，研究人類的攻擊本性，以及如何加以控制，攸關前述的戰爭問題，儘管單靠這個面向無法提供完整的解答。

第一章

精神分析與「死亡本能」

◎ 佛洛伊德對人類攻擊性的忽視

◎ 從嬰兒的生存本能與死亡本能認識攻擊性的正面意義

既然攻擊行為是人類特質之一，對於它的根源與決定因素，學界理應早早達成共識，實則不然。它究竟像性本能一樣是與生俱來的衝動、需要出口盡情宣洩？或是正好相反，僅對所處的逆境做出回應，完全與本能無關？本章將探討並批評佛洛伊德針對人類的尋釁特質所提出的部分觀點。雖然我認為他在某些方面的看法有誤，但他的影響力無遠弗屆，又大幅增進我們對自身的理解，即使他的「死亡本能」理論已不再為學界所接受，也不大可能無視他的理論。

過去六十年來，各學派的精神分析師與心理治療師愈來愈關注人類的攻擊性，但種種研究和推測固然對於思考此議題有重大貢獻，結果卻難稱得上令人滿意。有些學者認為，人類並非天生如此，而是受挫後的結果；有些學者則假設，人類的攻擊衝動固然是與生俱來，但原本是自我傷害的內在衝動，會外顯為對他人或大環境的侵犯，其實只是附帶的現象。一般認為，嬰兒從出生那刻就具備攻擊的潛能。專看嬰兒的精神分析師也宣稱，就連在嬰兒的潛意識中，都抱持著極度駭人的破壞幻想。

難以否認這些幻想部分源自天生的攻擊性。即使是精神分析師都明白，不同嬰兒天生就擁有不同的性情，有些較安靜、有些較貪心、有些可能較活潑。然而，精神分析主要關注的是後天發展，而非先天條件；因此，分析師在研究嬰兒攻擊性從何而來時，自然會更重視惡劣或有害環境，而非天生因素的影響。當然，外在環境的挫折在所難免，不是每個嬰兒都遇得到能即時滿足自己一切需求的母親，儘管這份期待是人之常情。精神分析學界十分清楚這點，但由於他們專注於患者幼時未獲滿足的需求，加上父母未能回應這些需求的後果，往往是嬰兒於挫折下展現的憤怒，因此精神分析師容易過度負面看待攻擊性，忽略了本書前言中所著眼的正面意義。整體看來，精神分析師傾向把攻擊性視為病理學的範疇，同時推測儘管人類可能天生具有攻擊傾向，只要確保孩子身處完美無缺的環境中，理應能擺脫這項本性；即使此舉未能如願，日後也可讓他們尋求精神分析的協助。

以下摘自梅蘭妮・克萊恩[4]一篇論文，恰如其分地說明了此點：

> 教人好奇的是，精神分析在實務上是否注定超越個人範疇、進而影響整體人類的生活……的確，精神分析無法全然無視人類的攻擊性，但可以藉由減輕會凸顯這類本能的焦慮，打破仇恨與恐懼相互增強的局面……我們樂於相信，如今對於現狀看似烏托邦的幻想，很可能在遙遠的未來成真，希望屆時兒童分析會如現今的學校教育，成為所有人教養的一環。如此一來，每個人內心多少源於恐懼與猜疑的潛在敵意——每次出現毀滅的衝動便增強百倍——也許會變成對同胞更和善與信任的情感，世人也許就會比現在更懂得和平共存。

4 梅蘭妮・克萊恩（Melanie Klein, 1882-1960）：英國精神分析學家，專門研究兒童精神分析與客體關係理論。

克萊恩女士的烏托邦願景，是基於自身對治療的熱忱與盼望，因為她比任何人都清楚人類擁有的無窮攻擊性。

的確，就精神分析的情況而言，尋釁情緒的出現不但得到包容，甚至還會受到鼓勵；而說來不無道理的是，精神分析學者遠比多數人都明白人類內心的凶殘。儘管如此，綜觀精神分析思想的歷史脈絡，學界固然充分體認到人類的惡性，大部分的學者僅把它描述成極為可怕、理應完全加以消弭的衝動，而非視其為我們得藉之學會共處、攸關我們古今存續的必要生物本能。

佛洛伊德對人類攻擊性的忽視

佛洛伊德在十九世紀末開始研究心智時，並不關注人類尋釁的傾向。在一九〇〇年出版的《夢的解析》索引中，查不到「aggression」或「sadism」（施虐狂）這兩個字；而在一九〇五年出版的《性學三論》中，攻擊性被歸類在性本能的範疇之下：

> 大多數男人的性，都包含了侵犯的成分，亦即征服的欲望；這在生物學上的意義，似乎在於一項需求：藉由求愛以外的方式，強行壓迫性對象就範。因此，施虐狂呼應了性本能的凶殘面向，只是自成一格並更加誇大，再透過轉移作用，奪取了主導地位。

當時年代尚早，佛洛伊德只關注人類的性慾，不太重視攻擊性，其實是很自然的事。十九世紀的維也納，社會大眾仍普遍將性視為一種私密、一個問題，不可以任意討論，總是籠罩著一層愧疚與曖昧。生活在此風氣之中，無怪乎當時性成了導致人類衝突的罪魁禍首。另一項可能的就是，佛洛伊德跟其他創意獨具的天才一樣，鍾情自己的看法，因而起初不願加以修改。他針對嬰兒的性提出理論，需要十足的勇氣，才能抵抗各界嚴厲批評，而他所遭遇的強大阻力，很可能讓他更堅決把精神方面的障礙，完全歸諸於性發展的疾患，並且將性視為人類行為背後的原動力。

此外，佛洛伊德有許多早期的病人，似乎都罹患「歇斯底里症」——如今稱作「焦慮性歇斯底里」（anxiety hysteria），這些病人特別容易長期性壓抑，因此無論在自己或他人面前，都會把性相關的面向隱藏起來。而純粹的精神分析正好適合應用於這類案例，並且在實務和理論上獲得顯著的成效。

佛洛伊德也曾坦承，自己不太願意單獨看待人類的攻擊性：

猶記得，精神分析文獻中首次出現毀滅本能的看法時，我的戒心十足，好久以後才勉強接受。

而精神分析領域發展初期，有位重要學者主張人性中的攻擊傾向比性慾更為重要，無疑更強化了同業對此看法的戒心。是艾佛烈．阿德勒[5]增進了我們對人類的理解，然而他的貢獻經常被人低估。他認為，人類行為的主要動力在於「追求優越」。正因為他堅持這項見解，才會於一九一一年，跟佛洛伊德和精神分析學派分道揚鑣。從阿德勒所使用的詞彙歷經多次改變，可見他畢生都不斷修正自己的看法。根據厄內斯特．瓊斯[6]所言，早在一九〇八年，阿德勒就表示人類可能具有原生攻擊性。後來，他改用「權力意志」稱之，後來又以「追求優越」一詞取代。在他最後的著述中，阿德勒改用「追求完美」或「奮發向上」指稱相同

5　艾佛烈．阿德勒（Alfred Adler, 1870-1937）：維也納心理學家，開創「個體心理學」，跟佛洛伊德和榮格並列心理學三巨頭。

6　厄內斯特．瓊斯（Ernest Jones, 1879-1958）：英國精神分析學家，著有《佛洛伊德傳》。

的本能，只是概念太過抽象又形而上，無法與柏格森[7]的「生之衝動」（élan vital）或蕭伯納[8]的「生命力」區隔開來。不過，阿德勒當初跟佛洛伊德決裂時，外界可不是這麼看待他的見解；佛洛伊德針對阿德勒在美國的部分演說，發表了酸言酸語，便是很好的例證：「看樣子，他的目標是要拯救世人免受性慾殘害，轉而擁抱攻擊的本質。」若要承認人類在本能上對外界具有攻擊性，毋寧意味精神分析益發傾向接納阿德勒「追求優越」的說法。當時的佛洛伊德根本不可能接受，畢竟他整副心力都在鞏固自己所提的性理論，無法容忍任何人跟他的觀念有所分歧。這也是人之常情，我們難免會把自己創新的想法，當作嬌貴的植物那般呵護其成長。阿德勒的倒戈是否促使佛洛伊德不願認可人類的攻擊性，我們不得而知，但佛洛伊德直到一九一五年，即他五十九歲時，才首次在文章中將攻擊慾視為不同於性慾的原生本能。到了一九二〇年，這項新觀念才在「死亡本能」理論中具體闡述，收錄於《超越享樂原則》（*Beyond the Pleasure Principle*）一書中。

這項理論屬於較為偏門的思想，未受大部分心理學家接納。佛洛伊德好不容易承認人類具有攻擊的本能，但作出的結論居然是該本能主要用於自我毀滅，而非主宰外在的世界。人類的攻擊性屬於「死亡本能」延伸而出的次要特質，剛好跟原先自我毀滅的傾向相反。佛洛伊德最終的觀點指出，人類具備兩類本能：

> 性本能與死亡本能，前者想方設法把生命物質匯聚為更大的集合體，後者則背道而馳地想把生命回歸無機狀態。兩股力量不斷合作、對抗，造就了不同的生命現象，最終再由死亡終結一切。

7 亨利·柏格森（Henri Bergson, 1859-1941）：法國哲學家，諾貝爾文學獎得主。

8 喬治·蕭伯納（George Bernard Shaw, 1856-1950）：愛爾蘭劇作家，諾貝爾文學獎得主。

死亡本能的說法在多方面都遭到批評，主要是因為所謂自我毀滅的本能違反生物學的觀點，即生物天生傾向鞏固生命的存續、促進生命的繁衍。儘管佛洛伊德取了《超越享樂原則》這樣的書名，在書中詳述死亡本能的概念，他的思考依舊是以享樂原則為主，這也是他早期著作的主要理論基礎：

在針對心智的精神分析理論中，我們認為心智活動理應受到享樂原則的控制；換句話說，我們認為，心智活動皆源於負面的焦慮狀態，是故隨後踏上的那條道路，便是以化解該焦慮為最終目標，即避免痛苦或產生享樂。

佛洛伊德主張，人類心目中的理想狀態是需求獲得充分滿足，正如回到嬰幼兒早期的幸福體驗：

> 凡是看過吃完奶的嬰兒帶著泛紅的雙頰與幸福的微笑，心滿意足地進入夢鄉，勢必會聯想到：這幅畫面即是日後性慾獲得滿足的原型。

基於種種事實，我們相信心靈生活由享樂原則主宰，而這也反映在一項假設上：心理機制會盡量減少現有刺激，或至少將其維持一致。這其實反映同樣的推測，只是以另一形式表述，因為若心理機制是以減少刺激為目標，凡是增加刺激必定會產生矛盾的感受，亦即痛苦。

佛洛伊德對於本能最根本的看法，就是生物會設法擺脫焦慮、盼望進入完全放鬆的幸福狀態，這也說明了他為何僅把攻擊性視為破壞的力量。刻意追求刺激、追求供自己克服的阻礙、追求成就或權力，都不見容於佛洛伊德提出的觀念，即人類若想獲得快樂，只能藉由擺脫焦慮、重回嬰兒形成之初的涅槃狀態，而出生造成的創傷，狠狠讓我們脫離涅槃。佛洛伊德相信，所有生物都本能地走向死亡，因為死亡代表生物完全擺脫焦慮的狀態，終於回溯至早於嬰幼兒時期、生命尚未出現的最初狀態。

若生命的終點是永遠抵達不到的狀態，就會違背本能保守的特性。是故，生命的終點必定是生命早已脫離的古老起點，經過曲折迂迴的發展後會再度憶起。若假設所有生物的死因均源於內在因素、最後回歸無機狀態，那結論便只有「一切生命的終點是死亡」，倒過來說，即是「先有無生命、後有生命」。

依此觀點，死亡本能如同熱力學第二定律的擬人化，沉重地認可無論具備生命與否，一切物質結構難逃溶解和消散的命運。但儘管我們必須承認熵會不斷增加，以及內在可能有導致自我滅亡的力量，也絕對不可把這些力量一概而論，當成用於確保人類存續與繁衍的各種本能。

佛洛伊德的死亡本能理論之所以困住我們，是因為該看法日後影響的學者不計其數，其中不乏反對他許多見解的人，最知名的當屬梅蘭妮·克萊恩。按照佛洛伊德的觀點，對周遭環境與特定個人所產生的攻擊性，終究是死亡本能遭到性本能與自保本能封殺的結果。儘管死亡本能最終勢必勝利——畢竟我們難逃一死——但只要生命持續下去，自然的表現就會受到壓抑。雖然就意義而言，接納死亡本能形同承認原生攻擊衝動，但上述觀念依然暗示著，人類對周遭環境的攻擊性是次要現象，除非原生本能受到壓抑或干擾，否則一般不會存在。因此，有些學者一廂情願地認為人類的攻擊性皆為挫敗所導致，他們固然不見得接受死亡本能的存在，但佛洛伊德就連在晚期的著作中，都未支持原生攻擊衝動的正面意義，自然也不會公然反對「攻擊性必定源自受挫」這項看法。

從嬰兒的生存本能與死亡本能認識攻擊性的正面意義

梅蘭妮．克萊恩是佛洛伊德在精神分析領域最知名的接班人，前文已提到她對未來的寄望。她格外重視人類的攻擊性，認為這項特質在生命誕生之初便開始運作。客觀而言，她提出的看法極難加以驗證，因為這代表嬰兒很早就擁有充滿幻想的內心世界，裡頭交織著愛與恨等激烈情感，可是無法直接觀察。她之所以假設這個內心世界的存在，是基於對孩童與成人日後回憶的分析。由於記憶是出了名地不牢靠，加上早期潛意識幻想出現在嬰兒具備語言能力之前，克萊恩女士的見解頂多屬於暫時的說明架構，提供一個可能的方向，讓學者研究充滿謎團的嬰幼兒發展，但因為無法以現有任何方法驗證或推翻，所以還不能視為嚴謹的科學假說。在此無意批評克萊恩女士的成就，她別具心裁的想像力提供了筆者一個可行的分析架構，讓原本模糊不清的心理現象變得容易理解。但必須牢記在心：任何關於嬰兒內心運作的說明，必定偏向解釋來龍去脈的故事，而非真正的事實陳述，因此相較於可供科學驗證的理論，更容易被一再修改。

梅蘭妮·克萊恩主張，每個嬰兒的內心都有愛恨衝突，從出生那刻起或可能更早就已存在。她認為「某程度而言，愛的能力與破壞的衝動是與生俱來，只是強度上會有個別差異，而且一開始就跟外在條件交互影響。」這種攻擊衝動極為強大，促使嬰兒感受到劇烈的焦慮，擔心危及自己的照顧者，同時也擔心自取滅亡：

生存本能與死亡本能之間的拉鋸戰，以及隨之而來的威脅——自我與目標可能被破壞的衝動給毀滅——正是嬰兒與母親最初建立關係的基本因素。

儘管梅蘭妮・克萊恩坦承道：「破壞的衝動強弱因人而異，卻是內心生活的必要部分，即使處於良性的環境亦然。」她仍認為這些衝動是源於死亡本能轉向外在的世界。她在著述中提到攻擊性時，往往不脫恨意、貪婪、羨慕和憤懣等範疇，幾乎未關注積極的面向。「死亡本能」的假說，似乎意味著攻擊性必然造成破壞，不讓抱持此想法的人看到任何積極進取的面向。

早在一九二八年，保羅．薛爾德[9]便寫道：

就我看來，死亡衝動的存在感覺值得懷疑。說不定，尋死的衝動是重生的渴望，只是偽裝成情慾的追求。對於外在世界的追求、想方設法掌握並主宰環境，我們似乎覺得再自然不過了，因此無法視為自我毀滅衝動的延伸。

這項觀點獲得當代動物行為學界的支持，即無論如何，在人類之外的動物身上，攻擊性都有其正面功能，同時保障了物種與個體的存續。

9 保羅．薛爾德（Paul Schilder, 1886-1940）：奧地利精神分析學家，拓展學界對「身體意象」（body image）的認識。

資料出處

1. Klein, Melanie, *Contributions to Psycho-Analysis* (London: Hogarth Press and Institute of Psycho-Analysis, 1950), pp. 276-7.
2. Freud, Sigmund (1905)。《性學三論》。孫中文譯。臺北。華滋出版。
3. Jones, Ernest, *Sigmund Freud* (London: Hogarth Press, 1957), vol. III, p. 296.
4. Jones, Ernest, *Sigmund Freud* (London: Hogarth Press, 1955), vol. II, p. 151.
5. Freud, Sigmund (1917)。《精神分析引論》。彭舜譯。臺北。左岸文化出版。
6. Freud, Sigmund, *Beyond the Pleasure Principle* (London: Hogarth Press and Institute of Psycho-Analysis, 1948), p. 1.
7. Freud, Sigmund, *Beyond the Pleasure Principle* (London: Hogarth Press and Institute of Psycho-Analysis, 1948), p. 3.
8. Freud, Sigmund, *Beyond the Pleasure Principle* (London: Hogarth Press and Institute of

Psycho-Analysis, 1948), p. 47.

9. Klein, Melanie (1957)。《嫉羨和感恩》。呂煦宗、劉慧卿譯。臺北。心靈工坊出版。

10. Klein, Melanie, *Our Adult World* (London: Heinemann, 1963), p. 4.

11. Schilder, Paul, *Contributions to Developmental Neuro-Psychiatry* (London: Tavistock, 1964), p. 64.

第二章

攻擊性是與生俱來嗎？

◎ 提升生理機能

◎ 性本能與攻擊性的相似

在討論攻擊性對於保障物種存續的助益前，我們應當稍微探討一下本章標題的提問：攻擊性是與生俱來嗎？這個問題我們尚未能充分解答，而且說不定根本就問錯問題。然而這依然是爭論不休的議題，因此絕對不能避而不談。

「本能」一詞本身就是大雜燴的概念。正如巴奈特[10]某次在廣播節目中所說：

> 過去人類行為一般分成兩大類：其中一類是「固有」、「先天」或「本能」，另一類是「習得」。現今學界已普遍揚棄這樣的分野，並且益發認為「學習」一詞太過籠統又不精確，無法用來確切說明人類的行為。

儘管我們無法針對「攻擊性是與生俱來嗎？」給予直接又簡單的答案，我們

10 巴奈特（S. A. Barnett, 1915-2003）：英國動物行為學家。

可以說的是，人類與其他動物一樣，都存在著一項生理機制，受刺激時會產生憤怒的主觀感受與生理變化，讓身體準備好對抗危機。這項機制很容易就會啟動，而且如同其他情緒反應皆符合刻板印象，也屬於「本能」反應。好比貓在生氣時的反應極為相似，憤怒的男女的生理反應也會雷同，不過想當然耳，人類適應與控制憤怒的方式，會依修養的不同而出現大幅差異。

提升生理機能

伽農[11]在一九一五年首度出版的《痛苦、飢餓、恐懼與憤怒的身體變化》（*Bodily Changes in Pain, Hunger, Fear and Rage*）這本知名著作中指出，這些身體變化的功用在於提升「身體拚搏的效率」。伽農認為，喚起情緒具有生物學上的目的，就是要讓動物準備採取行動，可能是因為恐懼而逃跑，或因為憤怒而對抗。現今，我們對於生理學的認識已有大幅成長，但後續的研究卻無法推翻他當初的立論，他的著作仍然頗具價值、值得玩味。哺乳類動物出現憤怒反應時，不但心跳增加、血壓升高，血液末稍循環也會隨之加速，伴隨血糖濃度升高，呼吸也會跟著加速，四肢與軀幹肌肉加緊收縮，也較不容易感到疲勞。與此同時，血液從臟器流出，消化與腸道蠕動停止，但胃酸與消化液的流動會增加。就動物而言（也許人類也是如此），毛髮會接著豎起，然後就是亮出牙齒、不自主發出低吼，一幅憤怒的畫面於焉完成。憤怒期間的感官知覺也會弱化，因此戰鬥中的人即使負傷累累，也可能渾然不覺。

這些身體功能變化的機制，目前尚未完全釐清。從動物實驗看來，大腦底部

11　沃特·伽農（Walter B. Cannon, 1871-1945）：美國生理學家，率先提出「戰逃」（fight or flight）一詞，說明動物或人類面對壓力的反應。

有一小塊區域似乎掌管憤怒的情緒，負責發送神經脈衝，導致血壓上升等前述生理變化。這一小塊區域稱作「下視丘」。下視丘的功能是協調憤怒等情緒反應；在實驗中，貓的下視丘一旦受到電流刺激，即使周遭環境沒有一般會引發這類反應的因素（像是狗正在狂吠等），還是會出現所有憤怒的跡象。一般而言，下視丘是受到大腦皮層的抑制；而就演化角度來看，大腦皮層是最晚出現的區域，不但分布廣泛，也對人類至關重要。然而，若大腦皮層接收到外在威脅的脈衝，譬如有拳頭在面前揮舞或他人出言侮辱，它就會向下視丘發送訊號，命令其解除抑制、採取行動，結果就是前文所概述的生理現象，即使消除了環境中立即的威脅，這些變化往往會持續一段時間。每個人想必都曉得，憤怒的情緒一旦完全被挑起，通常需要一段時間平復心情，而若身體已準備好要發洩怒氣，當事人卻無力採取行動，用來平復的時間也就更長。至於下視丘與大腦皮層如何持續交互作用、延長對於威脅的立即反應，我們尚未完全參透。腎上腺素、去甲腎上腺素、皮質醇與腎上腺分泌的其他荷爾蒙很可能扮演了關鍵的角色。已有證據顯示，主動攻擊的情緒產生當下，去甲腎上腺素的分泌隨之增加，而被動焦慮的感受出現則跟腎上腺素的分泌增加有關，這項發現是基於冰上曲棍球球員與守門員體內物理與化學狀態的比較。由於下視丘是透過自主神經系統連接到腎上腺，因此當下視丘受到刺激，這些化學物質便會釋放到血液中。這些荷爾蒙間接導致血壓升高、心跳加速等種種生理反應，但到頭來很可能也影響大腦。換句話說，大腦起初啟動了情緒反應，最後卻也受到該反應的刺激，形成一個循環。然而就我們的研究目的而言，部分細微的生理現象即使不明朗也沒關係。重點在於，身體內有個相互協調的物理化學系統，催生我們所謂「激烈」（aggressive）的情緒與行動，而這個系統一受到威脅和挫折的刺激，很容易就會產生作用。此外，因為人體運作方式的緣故，激烈的反應具備了全有或全無的特性。當然，憤怒有分不同的程度，但必須了解的是，激烈的反應並非威脅不見後就隨之消失的反射動作，不像指頭碰到熱爐子會立刻縮回去，而是一連串複雜的生理變化，一旦開始就會持續一段時間，好讓身體可以對抗威脅，或採取其他費力的行動。在文明社會中，喚起攻擊性也許比加以抑制來得容易。舉例來說，若有男子藉由在園子裡拚命鋤地來化解怒氣，從心理角度來看也許過於天真，但從生理角度來看卻頗為睿智，因為他不但花時間平復情緒，還進行著身體已躍躍欲試的勞力活動。

這項生理機制的存在無庸置疑。基於自保的需求，動物本身就有攻擊行為的潛能，畢竟在大自然中，必須克服或躲避種種威脅才能生存。

上述關於生理現象的討論顯示，攻擊衝動、攻擊性的情緒與行為的生理機制確實屬於「本能」，意即是與生俱來的能力，很容易就會被喚起。但是否有需要喚起攻擊衝動呢？目前尚未有定論的是：生物是否有迫切的內在需求，非得動用本身的攻擊衝動？若生物從未受威脅，攻擊行為是否還會顯現？這聽起來也許像是專業問題，因為包括人類在內的所有動物，只要活著想必都經歷過威脅，因此想必三不五時會採取激烈的因應手段。儘管如此，若我們打算控制攻擊傾向，就必須決定動物或人類身上是否會不斷累積攻擊的能量、需要定期的釋放，或是否攻擊的反應單純屬於潛能，永遠都不必派上用場。若前者為真，我們就需要有適當的宣洩管道來控制攻擊衝動；若後者為真，我們則需要杜絕一切可能喚起該傾向的外在刺激。

部分學者深信，攻擊行為不是非展現出來不可。舉例來說，約翰．史考特[12]在筆下的《攻擊性》（*Aggression*）一書中就提到：

> 重點在於，每個因果關係最終都會回溯到外在環境。沒有任何生理證據顯示，需要打鬥的刺激是從體內自然生成。這就意味著，除了因應外在環境

12　約翰．史考特（John Paul Scott, 1909-2000）：美國心理學家暨行為遺傳學家，專門研究社會行為發展。

的變化外，並沒有攻擊或防禦等打鬥需求。我們可以得出一項結論：若一個人運氣夠好，生存於沒有打鬥刺激的環境中，就會因為從未參與打鬥，而不會有生理或神經的損傷。這不同於飲食的生理現象：體內新陳代謝導致特定的生理變化，帶來飢餓感與進食的刺激，外在環境則沒有任何改變。

我們也可以得到另一項結論：沒有所謂單一的「打鬥本能」，意即不得不滿足的內在動力。不過，確實有個內在生理機制，只要受到刺激就會出現打鬥反應。這兩者的差別在許多實際情況中也許不重要，但可以導出一項關於攻擊傾向的推論：內在生理機制固然危險，但可以藉由外在手段加以控制。

支持這項觀點的學者，經常引述學者郭任遠[13]的實驗。他發現，若將貓鼠同籠飼養，貓咪便會視老鼠為同伴，從此之後，即使被誘導也不會追捕或獵殺老鼠。郭任遠主張：「生物行為具有被動的本質。動物或人類在特定時刻的行為，取決於養育方法與刺激手段。」但正如艾伯—亞貝費特[14]所言，這些實驗「確實證明了攻擊行為可受經驗強化或抑制，但未能說明這類行為必須後天習得才會出現。」艾伯先把一群老鼠隔離飼養，之後將一隻同種老鼠放入籠子，結果發現隔離的那群竟對新同伴發動攻擊，並且「威嚇與打鬥的模式無異於未受隔離的動物」。

此外，若用電流刺激公雞大腦某一個區域，可以促使其拚命尋找攻擊對象，而刺激另一個區域則會讓公雞尋找散發求偶訊號的對象。換句話說，攻擊衝動就像性慾一樣，都是與生俱來的動力。前述兩種情況中，電流刺激下出現的行為都

13 郭任遠（Zing Yang Kuo, 1898-1970）：中國心理學先驅，鑽研行為主義，曾任浙江大學校長。

14 艾伯—亞貝費特（Eibl-Eibesfeldt, 1928-2018）：奧地利人類行為學家。

稱作欲求行為，意即尋找對象來滿足內在的性需求或攻擊需求。史考特與郭任遠認為攻擊性是經後天習得而非先天動力，但這些實驗結果無法佐證此點。即使攻擊反應需要外在刺激誘發，也不代表生物沒有展現攻擊行為的需求，或無法從中獲得快感。

性本能與攻擊性的相似

的確，我們無法像描述飢餓感一樣，用生理學來說明攻擊衝動累積的張力，意即視其為一種匱乏的狀態，促使生物採取行動加以緩解。但性本能也是如此，姑且不論對錯與否，多數人都接受性愛是「必須獲得滿足的內在動力」。一般認為，性的張力若要完全釋放，必須仰賴伴侶，自慰僅能帶來少許的滿足。換句話說，性本能就跟攻擊性一樣，具有內在生理機制，需要外在刺激來發動。我們通常認為，性衝動會驅使動物尋找刺激來滿足內在需求，但很少會用相同角度來看待攻擊性。然而，我們卻無法界定引發性行為的張力或匱乏，正如無法界定身體攻擊機制啟動時，究竟處於何種生理狀態，才會導致動物「尋釁」或渴望採取暴力手段。

值得玩味的是，性興奮與攻擊衝動的生理狀態極為相似。金賽博士羅列了十四項性興奮和憤怒共有的生理變化，卻只找到四項不同的生理變化。此外，這兩類情緒反應忽然互換也並不少見，所以許多伴侶才會常吵架吵到最後上床、有些爭執最後以高潮收場。金賽與同仁依據研究做出以下結論：

……對於偏好該用詞的人而言，任何社會習俗顯然都無法滿足多數人的性衝動。對於習慣以作用與反作用力來思考的人而言，這意味著無論文明或教養程度高低，動物持續會對無所不在的性刺激做出回應，只不過多了身體與社會的約束。

我們無法排除或許可能用相同觀點來解釋攻擊性。從動物行為的研究中，確實可以找到充分證據顯示，若動物無法從事習以為常的攻擊行為，就會設法找尋替代刺激來釋放攻擊衝動，就好比沒有女伴的男人，會去找其他男人或藉由性幻想來滿足慾望。

康拉德．勞倫茲在筆下《論攻擊性》（*On Aggression*）一書中，舉了慈鯛的行為當作例子。慈鯛生性暴戾，地盤內需要有凶悍的鄰居，以發洩自身攻擊衝動。若將一對慈鯛從魚缸移出後單獨飼養，雄鯛會對轉而攻擊雌鯛與幼鯛，還會加以殺害。

已有充分證據顯示，攻擊的張力可以累積不釋放，恰恰符合我們對性張力的看法。海立根堡[15]經過仔細的統計研究後發現：

> 一隻具攻擊性的魚遭到隔離、沒機會攻擊同類時，在牠所有口腔活動中，深挖行為所占的比例遠高於隨時有幼魚可咬的環境。

已有證據顯示，所謂「深挖」活動係指啃咬魚缸底層，直接關乎個別魚隻的攻擊準備程度。換句話說，沒有管道釋放攻擊衝動時，深挖這項替代活動頻率就會增加，好比男人在生妻子的氣時，可能會在園子裡更加使勁挖土，以抑制出手打枕邊人的衝動。

撰寫本書的當下，心理學界普遍不認為人類的攻擊性可能是原生的本能衝動，對此說法多有輕蔑。當然，這些學者坦承人類是凶悍的生物，但往往把攻擊行為解釋成受挫的反應或後天習得的行為，而由於藉此會換來財物、褒獎或地

15 沃特・海立根堡（Walter Heiligenberg, 1938-1994）：德國神經行為學家。

位，因此在不同社會中一再受到強化。舉例來說，貝科維茲[16]對於「攻擊行為之本能論」總結如下：

由於「自發的」動物攻擊行為在自然中相對罕見（而即使是這些罕見案例，說不定也能用受挫經驗，或曾習得敵對行為的好處來加以說明），因此許多動物行為學家與實驗生物學家主張，動物不可能有自我刺激的攻擊系統。這類研究可推導出寶貴的一課：人類並非天生就愛打仗。至少理論上而言，確實可能藉由減少挫折、淡化攻擊帶來的好處，以降低人際衝突的發生頻率。

這項觀點成立的前提是刻意忽略動物行為與人類學研究的大量證據，另外也得指望社會有良好的結構、以及不鼓勵出頭的教養方式，人類才會和平共處，實現千禧至福的願景。這類信仰由來已久，留待後面章節討論。不過，又以現代美國人特別容易抱持此類想法，因為長久以來的樂觀主義，讓他們難以相信現實世界或人性中，會有任何「根除」不了的弊病。

貝科維茲與史考特等學者從未提出，藉由後天學習或減少性慾滿足的回饋，就可以消弭或大幅降低性衝動，因為他們內心認為性是件好事，卻把攻擊貼上負面標籤。然而，攻擊行為的外在刺激很可能並不存在，人類其實是主動向外尋求刺激，正如同性慾未獲滿足時的狀況。從反思角度觀之，也許可以說一般人討厭生氣，但伴隨憤怒的生理變化，會引發主觀上的幸福感與振奮的使命感，這件事本身就十分值得。許多駭人聽聞的暴行都以「正義之怒」合理化，但無庸置疑的是，人類找得到正當理由時，其實很享受生氣的快感，也會主動尋找對手發動攻

16 雷納德・貝科維茲（Leonard Berkowitz, 1926-2016）：美國社會心理學家，專門研究攻擊行為。

擊，這點說來跟慈鯛差不多。

我們仍需要知道——也希望生理學家能儘快解答——性張力或攻擊張力背後的生物化學狀態。性匱乏的動物與尋釁的動物之間，必定存在著生理差異；但目前仍缺乏可靠的證據指出，攻擊反應在生理上不同於性衝動這項本能。只要「攻擊性」一詞不僅限於真正的打鬥，攻擊性的表現說不定無異於性慾的表現，都是身而為人的必要部分。

前言中提到，我們就連進行心智活動時，語言都透露出攻擊的潛質。只要我們拋下享樂原則，很容易便可接納這項觀念：無論成為主宰、克服困難、駕馭外在世界等等，都需要攻擊衝動，這跟性慾或飢餓一樣都屬於人類天生的需求。史考特盼望，若孩子生長的環境沒有打鬥的刺激，就能一直保持心平氣和。但正如某學者提出的質疑：「這般消極狀態是否會犧牲了進取心？就不得而知了。」

參考資料

1. Barnett, S. A., *'Instinct', from A Few Ideas* (London: B.B.C. Publications, 1964), p.35
2. Cannon, W. B., *Bodily Changes in Pain, Hunger, Fear and Rage* (New York: Appleton, 1929).
3. Elmadijan, F., *Symposium on Catecholamines* (Baltimore: Williams & Wilkins, 1959), p.409.
4. Scott, J. P., *Aggression* (Chicago: University of Chicago Press, 1958)
5. Kuo, Zing Yang, 'Genesis of the Cat's Response to the Rat', from *Instinct* (Princeton: Van Nostrand, 1961), p.24.
6. Eibl-Eibesfeldt, Irenaus, 'Aggressive Behaviour and Ritualized Fighting in Animals', from Massermann, J. H. (ed.), *Science and Psychoanalysis* (New York: Grune & Stratton, 1963).

7. Von Holst, Erich, and Von Saint Paul, Ursula, 'Electrically Controlled Behavior', *Scientific American*, 1962.

8. Kinsey, Alfred C. et al., Sexual Behavior in the *Human Female* (Philadelphia: Saunders, 1953), p. 704.

9. Kinsey, Alfred C. et al., Sexual Behavior in the *Human Male* (Philadelphia: Saunders, 1948), p. 269.

10. Lorenz, Konrad, *On Aggression* (London: Methuen, 1966).

11. Heiligenberg, Walter, 'A Quantitative Analysis of Digging Movements and their Relationship to Aggressive Behaviour in Cichlids', Animal Behaviour, 13, 1, 1965.

12. Berkowitz, Leonard, Aggression: *A Social Psychological Analysis* (New York: McGraw-Hill, 1962), pp. 24-5.

13. McNeil, E. B., 'Psychology and Aggression', *Journal of Conflict Resolution*, 3, 195-239, 1959.

第三章

社會結構中的攻擊性

◎ 動物界中的攻擊性多為種內競爭，而非種間競爭

◎ 人類社會中獨裁的必要性？

我們已在前文提到，礙於佛洛伊德思維的轉變，心理學界遲遲未將攻擊衝動視為良性的動力，或人類天生具備的重要一環。他起初只關注人類的性，又認為生物只會設法紓解焦慮、而非積極尋找刺激，雙雙助長了一項觀點：攻擊行為僅僅是具有破壞力的負面衝動。

性本能當然是要保障物種的存續。假如攻擊慾與性慾一樣都是人類的本能，就有可能證明攻擊衝動具有生物功用，能同時保障個人與人類的存續。撰寫本書的當下，人類面臨的巨大危機是恐遭自己發明的武器毀滅，因此有點難以想像攻擊性對生物的正面用處。但在此要主張的是，它不但是每個人本質中值得珍視的部分，也是社會結構內不可或缺的要素。這股衝動受阻或受挫時，才會招致反感或帶來危險。人類固然要設法降低可能毀滅彼此的敵意，但同時也要體認到一件事實：想要抹煞人性的一部分毋寧是天方夜譚，也有欠考慮，這部分不僅與生俱來，更有生物學上的價值。之所以得強調這項觀點，其實是對人類益發自外於動物界的反思；相較之下，其他動物展現的攻擊性，即使是發洩於同類身上，都按照著達爾文的天擇原則演化，因此主要目標是生存而非破壞。儘管也可以主張人類的攻擊性不再適應於現代文明社會，但人類若非是凶悍的動物，便不可能生存下來。攻擊衝動有其正面功能，本章將探討它在人口分布、性擇、保護幼兒、建立社會秩序等方面的作用。

動物界中的攻擊性多為種內競爭，而非種間競爭

一般認為，野生動物的行為往往十分殘暴，叢林在人類想像中常是充滿無盡殺戮的地方。我們甚至還會用「叢林」一詞，形容人類社會中的冷血與貪婪。這種對動物行為的想像其實曲解了事實。動物固然會自相殘殺，但殺戮只限於捕食者與獵物之間的關係。換句話說，動物相殘主要是為了食物，鮮少會有其他

理由。即使是捕食者與獵物的關係，也沒有一般人設想得那麼「凶殘」。整體而言，捕食者絕不會對獵物趕盡殺絕，因為到頭來這會危及自己的生存。此外，根據勞倫茲所言，動物準備掠食另一種動物的行為，並不代表敵意真的被喚起：

從許多精采的照片看來，獅子在撲向獵物前的緊張時刻，其實沒有露出半點怒氣。捕食型動物只有在害怕瘋狂抗拒的獵物時，才會出現低聲咆哮、雙耳貼平等一般耳熟能詳的戰鬥姿態，而且即使如此，這類表現也十分細微。

實際上，不同種類的動物通常不大留意彼此，除非其中一方是另一方的獵物，或兩者吃同樣的食物，因此必須爭奪生存空間。

想當然耳，動物爭奪食物時才不會客氣。由於動物的競爭者多半是同類，也就不難發現在大自然中，攻擊行為主要出現在種內競爭，而非種間競爭。動物真正的威脅，來自需要相同食物來源的同種鄰居，而非食物需求迥異的外來生物。

在討論過程中，我們明顯碰到了一項弔詭之處。攻擊衝動首要的基本功能，就是確保動物能在生存戰中跟同類競爭，可能有人因此認為，大自然真的充滿了殘酷廝殺、動物急著要自相殘殺。果真如此，就不難想像任何物種的命運：最強大凶悍的雄性會消滅所有對手，獨自在食物享用不完的世界稱霸，就像人類世界中獨裁者的美夢。然而，這種狀態雖然保存霸主本身，卻不利於該物種的存續。如此看來，攻擊性實屬必要卻又有害——我們在討論中會常遇到這個雙重面向。如前所述，除了人類之外，同類相殺的現象極為罕見，後文將探討牠們何以保有攻擊傾向，又不至於消滅彼此。

爭奪食物僅是動物或人類攻擊行為的一個面向。雄性動物間的打鬥在繁殖季節十分普遍，一般認為這有助適者生存，因為唯有最強壯又贏得打鬥的雄性可以率先跟雌性交配。部分學者對此提出反駁，理由是最強壯的雄性動物，不見得就繁衍出最強壯的後代。但不無道理的是（達爾文也如此推論），性競爭這個例子可說明天擇決定了強壯雄性具有生存優勢、也更有機會繁衍後代。另外，強壯的雄性也是可靠的爸爸，更能確保幼崽的安全，也是動物群體生活最堅實的守護者，譬如成年的雄狒狒就得肩負起抵禦捕食者的責任。許多動物為了求偶都有激烈的競爭行為，往往會出現壯觀的打鬥場面，譬如雄鹿之間的競爭最為人熟知，常常出現在紀錄片中。然而，輸掉的雄性動物鮮少會受到重傷，只不過可能自尊心受創。舉例來說，已有證據顯示，一條蛇被同類打敗後，就會逕自爬走、好幾週不交配，獲勝的對手則會在贏了後立刻交配。這讓人不禁想起馬爾博羅公爵夫人[17]在日記中寫道：「老爺今天打仗回來，高筒靴都沒脫便與我恩愛了兩次。」

17 馬爾博羅公爵夫人（Duchess of Marlborough, 1660-1744）：英國女王安妮得力助手，其夫馬爾博羅公爵約翰．丘吉爾為當時英國重要軍事、政治家。

海豹與海獅等一夫多妻的動物，都極度保護自己的妻妾群。這造成的結果之一，便是必定有不少雄性動物被較強壯的統治者趨趕而無法交配。值得注意的是，並無證據顯示，弱小的雄性會被消滅或受重傷。因此，攻擊衝動的第二項正面功能，就是保障最強壯雄性動物的性擇。

攻擊衝動的第三項正面功能是確保社群內的和平與秩序，這點乍看之下可能也顯得矛盾。「啄序」（pecking order）一詞太過為人熟知，許多記者常常拿來使用，卻也常常誤用。這一詞之所以廣為流傳，意指動物（包括人類）中的權力階級，是因為早在一九二二年挪威動物學家埃貝[18]就用其描述挪威母雞和鴨群的行為：

> 在任何母雞群體中，都會迅速發展出相當穩固的階級。地位最高的母雞有權去啄其他成員，而不會遭到反擊，其他雞隻的地位都低於該母雞，階級

依序排列至地位最低的母雞，代表所有雞隻都可以攻擊牠，不必擔心遭到報復。

在人類社會中，某些種姓制度的成員，譬如印度的賤民，就相當於地位最低的母雞。喬治．德沃斯[19]便指出，這在人類社群中有著珍貴的功能，有助釋放攻擊張力。然而，即使有代罪之羊，也不是許多動物形成權力階級的主要原因。瓦許本[20]與德佛[21]為文探討狒狒習性時表示：「雖然支配權力最終取決於力量，但會帶來和平、秩序與繁盛。」狒狒群的大小不一，具有結構分明的權力階級，成

18　埃貝（Schjelderup-Ebbe, 1894-1976）：挪威動物學家、比較心理學家。

19　喬治．德沃斯（George de Vos, 1922-2010）：美國人類學家，曾任加州大學柏克萊分校榮譽教授。

20　雪伍德．瓦許本（Sherwood Washburn, 1911-2000）：美國生物人類學家。

21　厄文．德佛（Irven De Vore, 1934-2014）：美國人類學家暨演化生物學家。

員數從可能二十隻到兩百隻，每隻雄狒狒都清楚自己的地位。最具優勢的雄狒狒會另外自成一群，假如成員之一受到威脅，其他狒狒就會來助陣。階級地位的建立，替整個群體帶來不少好處。首先，對於學習能力良好的動物，這能確保群體重視經驗豐富的長者，仰賴其出眾的領導與預警能力。第二，階級秩序可以避免群體內鬥，確保地位低的不會攻擊地位高的成員；即使真的爆發鬥爭，最強大的雄性動物通常會迅速阻止。第三，假若遇到捕食者襲擊，穩定的社會結構有利於狒狒群的生存。因此，雄狒狒們會通力合作來擊退敵人，合作方式跟先前建立的階級地位相關。在狒狒群中，年輕的雄狒狒擔任先鋒的角色，率先抵抗花豹等捕食者。若外來威脅嚴重，就會有愈來愈多年長強壯的狒狒來幫忙，直到狒狒群的攻擊實力全都展現為止。靈長類學家霍爾（K. R. L. Hall）寫到狒狒時便指出：「收放自如的攻擊性……是彌足珍貴的生存策略，既可保障群體的安全，也能鞏固群體的向心力。」

因此在動物界中，攻擊性的彰顯可以確保物種的利益。儘管不同動物的種間與種內攻擊傾向有異，這股衝動無疑具有生物學上的優勢。目前，我們仍無法以動物行為學的角度來描述人類的攻擊性，因為簡單的本能行為模式，還摻雜了複雜的因素，包括後天習得的願望、信仰、恐懼和其他大腦運作的產物，在在模糊了我們自身最原始的樣貌。儘管如此，無論是人類或其他動物，都不難看得出攻擊傾向的實用之處，進而體認到，人類若沒了攻擊性，就不可能成為人類了。

人類社會中獨裁的必要性？

在歐美民主出現前的早期原始社會中，人類的攻擊衝動所發揮的功用，很可能其他群居動物相同，即建立以統馭為基礎的穩定社會。我們習慣把人類社會想像成不斷擴大的集合體，但以前地球上的原始人可能僅是一個個小群體，成員大約五、六十名成員。即使是有歷史紀錄的時代，也別忘了封建社會的基礎是一群群的人民，每群都有封建領主賜予的一小塊領土，代價是要提供服務與農作物，並且對領主展現絕對的忠誠。

每個社會都需要有人出來領導，但民主制度會盡量讓領導者無法獨裁，並且藉由給予民眾一人一票，讓他們至少在名目上能參與政府組成，試圖縮小統治者與被統治者的距離。自由、平等、博愛的革命意識形態，本質上就反對社會落入獨裁與階級分明的結構，僅勉強承認個體間有力量或甚至智力的天生差異。貴族社會有著牢不可破的階級，原先取決於支配權力，後來演變成繼承而來。在這樣的社會中，每個人都曉得自己的地位，只要愈甘於接受自己的命運，整體結構也就愈為穩固。群體內潛藏的攻擊能量按照階級高低釋放，每個人主宰著下一階級的人，直到最底層的農民為止——農民被迫辛苦地耕地謀生，照理而言藉此可以發洩攻擊衝動。當代民主社會已偏離這種較原始的模式，只是幅度尚未達到自由派人士的標準。在這個過程中，民主社會難以釋放攻擊能量，於是便允許反對勢力的出現，這是不見容於獨裁社會的特色；若要平等地稱兄道弟而非按階級宰制彼此，就需要持有不同意見的反對勢力，彼此抗衡與合作。想當然耳，人類社會不可能百分之百地符合獨裁或民主的模式，但不難發現當前趨勢為何，而隨之而來的結果至關重要。

長期以來，無論是在人類社會或狒狒群中，若主要目標是打造群體向心力，就必須揚棄民主的原則。就連民主國家也支持軍隊的存在，而軍隊組織的基礎便是嚴謹的階級與絕對的服從。軍人的制服其實並不那麼「一致」，因為軍官雖然可以跟大頭兵穿同樣的顏色，肩章或徽章都凸顯了他的軍階，地位截然不同。軍事訓練的用意，就是要灌輸人類絕非平等的觀念。從最高階的指揮官到最低階的士兵，每位軍人盡守本分，必須遵守上級命令，不容提出質疑。軍中固然嚴禁對上級有任何挑釁的言行，卻有許多機會可以凶狠對待下屬，任何被士官長咆哮過的人想必都心有戚戚。據說，普魯士王國的腓特烈二世曾主張：士兵必須害怕長官更勝害怕敵人。正如先前提到的狒狒群，這樣的階級結構有助帶來穩定，因此大批軍隊才能同心協力。除此之外，很難想像還能如何凝聚如此龐大的人類群體。

從世界各國在戰時採取的行動，便可以證實這項觀點。無論再民主的國家，受到外在敵人威脅時，都很可能揚棄某些自由的原則，回到以權力為基礎的群體結構。一九四〇年，邱吉爾的崛起就是很好的例子。戰前他因為個性格外古怪，似乎應付不了和平的問題，故不受外界信任，但戰時證明了他是能鼓舞民心的領袖，正因為他比其他政治人物更懂得主導且強勢。儘管仍然會有些反對聲浪，戰時並不容許在野黨唱反調，反對黨往往會跟執政黨合作。同時，社會大眾多半會自願服從威權官制，這在承平時期勢必會惹人反感。

外在威脅導致的第二項結果更有意思：承平時期人與人之間的藩籬往往不復

存在。美國研究顯示，群體遭逢地震或龍捲風等天災，都會暫時擱置階級、信仰、年齡、財富和地位等差異，也比和平時更加緊密依賴彼此，也確實常常尋求雜交的慰藉。危險一過，眾多藩籬就再度回來，人性中的攻擊慾恢復正常的尋釁功能。乍看之下，人與人的情感加深似乎有違一般原則，即面臨外在危險時，社會理應會回到權威群體結構，但這兩個現象並非完全互斥。若面臨的危機屬於不可抗力，譬如出現龍捲風，或敵軍強到毫無勝算，情感可能深化得最為明顯；而需要組織反抗勢力或反擊時，權威群體結構才較容易出現。無論如何，兩個現象都會有相當大的重疊，而共同之處是：承平時期存在於人與人之間的攻擊衝動，改為用來對抗外在威脅，不僅導致彼此情感加深，也願意服膺權威。遇到共同危機時，不管是洪水、火災或敵人，我們成了彼此關愛的手足，這是日常生活缺乏的羈絆。有些倫敦人回想起一九四〇年，都會記得在整晚的大空襲後，同胞對彼此展現的溫暖；許多人也懷念著德軍發動閃電突襲戰的日子，即使過了四分之一個世紀，仍隨時都可熱切地提起一個個輾轉難眠的夜晚，以及煙霧瀰漫的清晨。在第七章中，我們會更詳細探討人性中兩股相反的傾向——促使人類相聚與分離。無論如何，不難想像若哪天火星人入侵地球，俄國、美國，甚至中國都會聯合起來抵抗外敵。同樣地，成功擊退火星人後，暫時的盟國又會因新的緊張情勢與敵意而分裂，全新的鐵幕隨之落下。人類擁有關愛同胞的能力，因為能把親友當自己人，進而產生認同感。有鑑於此，個人利益可以包含於群體利益之中，也正因為能夠產生認同感，才有可能出現自我犧牲。

然而，發生災難或出現共同敵人，固然暫時會讓人把攻擊焦點從同胞身上移開，但務必不可忘記，人類也好、其他物種也罷，種內的攻擊能量一直都在運作。形同雙面刃的攻擊衝動並沒有消失，而是持續在各個人群中默默發揮作用，古今皆然。

參考資料

1. Lorenz, Konrad, *On Aggression* (London: Methuen, 1966), p. 19.
2. Wynne-Edwards, V. C., *Animal Dispersion in Relation to Social Behaviour* (Edinburgh: Oliver & Boyd, 1962).
3. Washburn, S. L., and De Vore, Iren, 'The Social Life of Baboons', *Scientific American*, 1961.
4. Hall, K. R. L., 'Aggression in Monkey and Ape Societies', from *The Natural History of Aggression* (London: Academic Press, 1964), p. 62.

第四章

地盤與儀式

◎ 地盤保衛戰

◎ 人類的領域性

同種生物之間必須要有攻擊行為，才選得出最厲害的領導者、不斷使之成長茁壯。然而，攻擊傾向也不能失控，否則該物種會自取滅亡。大自然如何解決這項難題呢？動物為何能夠保有攻擊傾向，又不至於自相殘殺呢？

真正需要的是一套鼓勵挑釁與恫嚇的準則，但禁止實際殺戮。針對動物社會的研究顯示，這類準則隨處可見。韋恩—愛德華茲[22]在其著作《動物的社會行為與分布》（*Animal Dispersion in Relation to Social Behavior*）中提出一項論點：所有高等動物都演化出各自的社會模式，以某種「約定俗成」的競爭關係來取代直接爭奪食物。的確，他認為這就是社會的源起，即跟左鄰右舍形成長期共同生活的關係，還進一步把社會定義為「能夠提供約定俗成的競爭之組織」。此一定義理應敲醒理想派人士——在他們的想像中，同胞情誼才是社會的主要連結——因

22 韋恩—愛德華茲（V. C. Wynne-Edwards, 1906-1997）：英國動物學家。

為它背後的涵意是，社會本身已演化成可抵禦攻擊衝動的壁壘，而動物與人類為了避免同歸於盡，便得學會彼此合作與溝通。

地盤保衛戰

大自然演化出的準則中，最為巧妙的當屬以爭奪地盤取代爭奪食物。「地盤指的是一片空間，可能是水裡、地上或空中，由某隻動物或某群動物固守的專有領域。」領域型動物不會爭奪獵物、草地或水果，領域型動物競爭的是能提供所需食物的土地。許多魚類、鳥類和哺乳類都是領域型動物，到了繁殖季節更是如此，牠們會占地為王，可能是珊瑚礁或灌木樹籬，防範同種競爭對手入侵。因此，當一隻知更鳥太接近另一隻同類，該地盤的主人就會展現攻擊的姿態，既能驅逐入侵動物，也劃下不得穿越的界線。一般而言，這類威嚇行為不會造成入侵動物的傷亡，而入侵動物往往會識相地離開，有別於人類。

地盤保衛行為有助劃分個體動物間的棲息地，彼此才能確保充足的食物來源，而群體的擴散也確保不同區域的物種充分運用該地資源。這項原則要落實，不見得要搶地盤搶到你死我活，只要同物種內的各個成員能溝通即可。不同物種的溝通方式常常有很大的差異，有些仰賴視覺、有些依靠聽覺，有些則會留下氣味等等。研究已顯示，多數鳥兒的歌聲具有界定地盤的功能。所謂鳥兒是因戀愛或單純表達生活之樂而引吭高歌的說法，不過是詩情畫意的幻想罷了，而且唱歌的通常是成年雄鳥，用意是對其他雄鳥發出警告：「我才是一城之主，你們這些臭傢伙，還不快俯首稱臣。」這想必是世界上最原始的競爭了。

地盤保衛行為在演化史上很早就發展出來，也已成為本能的一部分。不過，生物族群調節機制偶爾會失靈，此時野生動物原有地盤大幅減少，是少數造成同種動物激烈廝殺的因素，譬如河馬群就出現過這類罕見情況。現今，人類數量的增加已不再受到自然或文化局限，因此人口爆炸才會嚴重威脅人類的生存；但動物族群通常受限於各項隱性機制，確保數量不會超過牠們棲地的承載力。然而，若發生數量過多的情況，動物之間的攻擊行為就會增加，不是導致彼此爭鬥到死，就是罹患壓力相關疾病；科學家在某種野兔身上就觀察到，只要三不五時繁殖過快，就會造成大量野兔染病，成因顯然是壓力。動物園也常出現過度擁擠的情況，可能會導致動物彼此打鬥至死，部分是因為打輸的動物無法逃離打贏的動物，部分則因為生存環境備受限制，造成攻擊衝動上升。現今已有研究顯示，園內關太多動物恐致使許多種動物罹患心臟病。

因此，就領域型動物而言，攻擊性原本是要確保動物具有爭奪食物的競爭力，如今則是用來保持彼此的距離；彼此的距離一旦減少，動物所承受的痛苦，就好比人類壓抑攻擊衝動那般難受。

人類的領域性

無庸置疑的是，人類自己也是領域型動物。即使當代西方文明跟原始社會相去甚遠，鄉下地方依然豎立著籬笆和圍欄，許多人還在上頭掛著「擅闖者將遭起訴」告示牌；而我們對於自家入侵者的憎惡，就好比身家財產遭竊一樣。院子裡出現了陌生人，一般人通常會視為威脅，或至少得好好了解情況。若拉到國家層級，國土遭到敵軍入侵所引發的攻擊反應，比在不屬雙方領土的地方戰鬥更為強烈。

人類跟其他動物一樣，也會因過度擁擠而出現不良反應。雖然在先進社會中，都市人口密集不見得會導致食物短缺，仍可看出攻擊傾向的蛛絲馬跡，只是如今已不需劃分個人與群體的界線。都市化不可避免的一項結果，就是居民已學會適應生活中的擁擠人潮；只是隨人口益發稠密，我們就愈容易憎惡彼此。很可能正因如此，過度擁擠而引發的攻擊衝動被強壓下來，許多人便發覺都市生活既煩躁又累人；而在鄉郊人與人之間的距離較大，因此相較於都市居民而言，鄉下居民顯得放鬆、親切，也往往更有禮貌。如前所述，同種動物凡是生存空間不擁擠，打鬥時鮮少會讓對方身負重傷。適度地發洩攻擊衝動，並非只靠保持地盤的距離。動物在建立階級高低或劃定地盤時，打鬥致死的情況極為罕見，哈里森・馬修斯[23]近來便提到：「在一般野生環境中，真的很難找到任何例子來證明，哺乳動物會因為打架過頭造成敗者死亡。」

動物間的打鬥絕大多數是測試實力的儀式，而非危險的殊死之戰。許多生物也已演化出「求和姿態」，以防止較強壯的動物繼續攻擊。這類行為通常是收回牙齒、尖喙或爪子等用來威嚇的武器，不再對優勢的動物張牙舞爪，同時朝對方露出自己身體最脆弱的部分。我們的握手習俗也是類似的儀式，藉此展現自己沒有攜帶武器。握手時伸出右手通常較有禮貌，因為右手普遍是武器的慣用手。鞠躬也是一種求和姿態，藉此表示自己順服對方，消除其內在可能累積的攻擊能量。

勞倫茲羅列了許多鳥類、魚類等動物展現的奇妙求和姿態。但更不可思議的是，這些姿態成了動物群之間建立密切關係的基礎。先前在討論韋恩—愛德華茲所主張，以爭奪地盤取代爭奪食物的概念時，我提到這其中含意就是攻擊行為比同胞情誼更早出現，而且社會發展出一套機制，避免成員之間相互攻擊。這項看法獲得勞倫茲的支持，他指出，求和姿態與伴隨而來的儀式，是動物之間所謂團結行為（bond behavior）的基礎。無庸置疑的是，即使是原始時代的生物，都有能力辨認自己的群體，以及群體中特殊成員，譬如說配偶。由於同物種其他成員會彼此尋釁，因此首要之務就是配偶不得攻擊彼此，再來就是在群居動物中，同

23 哈里森·馬修斯（Harrison Matthews, 1901-1986）：英國動物學家，專門研究海洋哺乳動物。

一家族或群體的其他成員也不得攻擊彼此。方法之一就是把攻擊矛頭從自家人轉移到惡鄰身上，也因此對慈鯛而言，惡鄰的存在實屬必要，以確保自家人安然無恙；方法之二則是在動物之間建立求和儀式，凡是共同進行這些儀式的一律當作朋友。勞倫茲以野雁的勝利儀式當作例子：這項儀式過程十分複雜，除了有一連串生動的動作，還搭配了適當的叫聲，用來凝聚不同野雁家族與家族群體。實際上，一隻野雁對於朋友的定義，可能會是「擁有共同勝利儀式的野雁」。這就好比人類用飲食與抽菸來社交：下班回家路上跟我喝一杯的人，不見得就是我的死黨，但跟沒一起喝過酒的人相比，我較不容易對他產生敵意。「companion」（同伴）一詞原意是「分享麵包的人」。針對團結行為，勞倫茲也指出這只出現在格外凶悍的動物身上。相較於需要捍衛地盤的動物，大批的鳥群或魚群的攻擊性往往比較低，牠們彼此會嚴格保持一定距離——譬如魚群或椋鳥群——但不會建立個人關係、辨認群體成員。這點再度證明，唯有個體之間充滿攻擊張力才會萌生愛。而即使是性愛本身，似乎仍不足弭平攻擊慾，因此必定有某種方法，可以疏導攻擊衝動，或將其轉化成儀式，進而促進個體的團結，而非分裂。

前文已提到，人類是領域型的動物，故天生對彼此具有強烈的敵意。正因如此，不難想見在原始部落中，人類跟自己家族或部落的關係再怎麼密切，仍會常與其他部落處於交戰不止的狀態。一般情況也確實如此。根據人類學家的調查，有些部落少見攻擊與戰事，但這些部落多半被強大的鄰近部落宰制，才會乾脆採取隨遇而安的策略來因應外來威脅。哈佛大學派出的一支探險隊，最近有機會研究住在新幾內亞島中心的庫雷魯人（Kurelu）。這個部落居住的山谷地區，是一九三八年才經空拍發現，直到一九五四年才有白人一探究竟。因此，他們的生活可說是真正「不受文明影響」——至少不受備受質疑的西方社會結構影響——文化也保留石器時代的風貌。這些人之間的戰鬥未曾休止，頗為類似希臘與其他國家之間可見的世仇。然而，雖然當地戰鬥幾乎沒有停過、使用的又是原始武器，真正喪命的人卻少之又少，而且往往只要傷及敵軍一人，就足以為當天的戰鬥劃下句點。在這樣的社會中，儘管一年內可能沒幾個人戰死，且戰鬥可說是跟儀式差不多，但男性驍勇善戰的特質有崇高的價值，戰鬥中的領袖也會特別受到族人的敬重。瓦許本在介紹庫雷魯社會的書中有這一段文字：

缺乏勇氣的男子稱作「kepu」——意為無用之人、未曾殺生者……除非有勢力龐大的親友當靠山，否則這些男人的妻子或牲畜，都會被其他男人奪走，因為他們完全不會反抗；極少kepu男子擁有超過一個妻子，許多男子甚至連一個妻子都沒有。

正如瓦許本教授所言：「綜觀人類史，社會多半仰仗年輕男性外出打獵、戰鬥，並且以暴力維持社會秩序。」

參考資料

1. Wynne-Edwards, V. C., *Animal Dispersion in Relation to Social Behaviour* (Edinburgh: Oliver & Boyd, 1962).
2. Ardrey, Robert, *The Territorial Imperative* (London: Collins, 1967), p. 3.
3. Verheyen, R., *Monographie éthologique de l'jippopotame* (Brussels: Institut des Parcs Nationaux du Congo Belge, Exploration du Parc National Albert, 1954).
4. Carrighar, Sally, *Wild Heritage* (London: Hamish Hamilton, 1965).
5. Matthews, Harrison, 'Overt Fighting in Mammals', from *The Natural History of Aggression* (London: Academic Press, 1964), p.24.
6. Matthiessen, Peter, *Under the Mountain Wall* (London: Heinemann, 1963), p. 10.
7. Washburn, S. L., 'Conflict in Primate Society', in *Conflict in Society* (London: Ciba Foundation, J. & A. Churchill, 1966), p.11.

第五章

童年時期的攻擊性

◎ 童話中慈愛與凶殘的一體兩面

◎ 嬰兒天生的探索本性

◎ 依賴與攻擊性的互依互存

◎ 暴力、攻擊⋯⋯可以證明自身力量？

在前面幾章中，我們已認知到攻擊衝動在社會中的某種運作方式。在本章中，我們要探討攻擊性在家中個別兒童發展上所扮演的角色。

正如我們在第一章所述，精神分析學界的共識是嬰兒從出生那刻起就具備攻擊性；克萊恩派的分析師更主張，從接受分析的兒童與成人日後回憶，可以重構出嬰兒的幻想世界，處處充斥著憤怒與恐怖。舉例來說，漢娜．西格爾[24]在所著的《梅蘭妮．克萊恩著作初探》（*Introduction to the Work of Melanie Klein*）中就寫到：「飢餓的嬰兒哭鬧喊叫、拳打腳踢，幻想著自己在攻擊乳房，任意撕裂摧殘，同時又被自己的哭喊聲所傷、攻擊著內在的自己。」由於我們無法直接觀察嬰兒的內心世界，漢娜．西格爾的說法很難獲得證實。另外，我們也可以主張，就算這些關於乳房的幻想是分析患者後得到的合理推論，仍可能純屬特例，不是

24　漢娜．西格爾（Hanna Segal, 1918-2011）：英國精神分析學家，以梅蘭妮．克萊恩的理論為師。

精神官能症狀，就是嬰幼兒時期動輒受挫，才會有此感受。

童話中慈愛與凶殘的一體兩面

這項主張可以從兩方面加以反駁。首先，我們愈了解精神病理學，就愈明白正常與精神病的界線模糊又細微。若嬰兒內心真的存在著幻想世界，便可合理假設其樣貌對所有人都大同小異。構成精神官能症的並非戀母情結、閹割情結或其他五花八門的內心狀態，而是這些普世原則的處理方式、因人事時地物而異的相互關係。因此，若克萊恩學派重建的嬰兒內心世界果真準確，我們必然都體驗過前文描述的強烈衝動與幻想，只是根據幼時個別經驗與遺傳特質，我們在融入、同理或整合這些衝動與幻想時，方法不盡相同。

第一項反駁的論點，也可支持精神分析所發現的攻擊幻想並非特例。從傳說和神話中，很容易便可找到不同文化背景的族群，都有充滿暴力的駭人幻想，因此不可能是精神官能症或精神病患者所獨有。舉例來說，巫婆吃著小孩、威脅男子氣概的意象，以各式各樣的表現形式在世界各地出現，明顯展現了人類共有的典型幻想。因為在嬰幼兒時期，我們都曾聽命於某位女性角色，受到她絕對權力的擺布。我們也許希望在這段期間，她盡量展現溫柔、關愛與憐惜的一面，卻也不得不承認，她在生氣或挫敗時，可能會顯露狠毒的一面。

小紅帽探望祖母時，發現祖母被大野狼給吃掉了。原本疼孫的和藹角色，被凶狠的危險生物給取代。正是如此角色的互換，讓這個故事格外駭人。遇到大野狼已夠可怕了，居然還發現慈祥的祖母變成可怕的野獸，相當於忽然對仰賴的人失去信任，因而內心更加缺乏安全感。有項研究調查了電視節目對兒童的影響，結果發現，最令兒童害怕的是，看似「善良」又可靠的父母其實是反派。只要劇情善惡分明，兒童就能容忍暴力、死亡等，我們原以為會令他們不舒服的片段。

但原以為同一國的人居然心懷不軌，毋寧是種充滿未知與危險的經驗，兒童會因此驚慌不已，好比成人發覺醫生打的針非但沒療效還添了毒藥，很可能會產生強烈的反感。

部分讀者也許會認為，把大野狼與祖母視為一體兩面頗為荒謬。小紅帽並不明白——其他孩子肯定也沒有此認知——祖母對孫兒若疼愛與照顧過了頭，恐怕會變成占有欲和過度保護，害得孩子無法獨立自主。這強烈的情感可能會吞噬了孩子，正如原版故事中，大野狼真的把小紅帽給吃了。但呵護與桎梏密不可分，若孩子無法或不准脫離辛勞的母愛，原本仰賴的成人很容易就變得蠻橫。

洪伯定克（Humperdinck）的歌劇《韓賽爾與葛蕾特》（*Hansel and Gretel*）優美地詮釋了同樣的主題。在第一幕中，無法餵飽兩個孩子的母親，罰他們到森林裡頭。但引誘孩子走進薑餅屋的巫婆更加歹毒，她提供一大堆美味的甜食給他們吃，只為了把他們養胖後宰來吃掉。兩個孩子好不容易把巫婆推進她自己的爐中活活燒死，不但就此脫困，也拯救了被巫婆咒語困住的其他孩子。這齣歌劇是關於母子關係的傳說故事。即使發覺這則寓言有著若隱若現的心理學意涵，我們應該還是能看得津津有味。

的確，我們只要稍微思考一下，就會察覺母子間的衝突不可避免。由於攻擊慾、性慾或任何衝動都不可能無預兆出現，因此可以合理推論：即使是新生兒也有攻擊衝動，只是我們無法直接進入他們的幻想世界。

然而，克萊恩女士與其追隨者所發掘的那些幻想，以及前面引述的例子，似乎僅僅跟哺乳受挫相關，幾乎沒認可攻擊傾向也可是正面衝動，帶人脫離依賴、獨立自主。我們都曉得，沒餵飽孩子就移開奶瓶或乳房，勢必會讓他氣得哭天搶地。心理學家亟欲透過扎實的統計數據，確立挫折與攻擊性的關係，因此測量了移開奶瓶與哭聲出現的時間差，再對照嬰兒的飢餓程度。測量挫折的實驗算容易設計，但要證明嬰幼兒早期的胡鬧有抱怨之外的功用，則是相當困難。

嬰兒天生的探索本性

然而，嬰兒一旦學會爬行，明顯就是開始想探索並駕馭外在世界。正如唐諾・溫尼考特[25]所言：「起初，『攻擊衝動』與『活動』幾乎是同義詞。」若佛洛伊德的推論成立，即我們追求的是幸福的滿足感，這樣的探索行為便難以解釋；但若我們接受阿德勒「追求優越」的說法，或假定動物透過欲求行為尋找刺激，解釋起來便不再是難題了。

不幸的是，根據人類社會現況，嬰兒天生的探索行為必定受限，生活在文明條件下更是如此，除了原始偏遠地區原本遭遇的問題外，還多了交通、電力、瓦斯、樓梯等許多複雜的危險因子。因為我們身處人為建構的環境中，被迫在心理上過度保護孩子，也因為年幼的孩子四周暗藏文明社會的各種危險、無力好好照顧自己，以致於即使情況非屬必要，我們仍過於小心翼翼地守護他們。

艾莉諾・吉卜生[26]在最近一次實驗中，設置了「視覺懸崖」，即地板邊緣看似出現垂直落差，實則續鋪了一片強化玻璃。嬰兒只敢爬到視覺上的邊緣，不願繼續爬到玻璃上頭，即使旁人再怎麼鼓勵也一樣，因為他們已意識到高低差的危險。這不代表可以把嬰兒留在真的懸崖邊，畢竟他們可能一轉身就向後墜崖。

創立佩克漢衛教中心（Peckham Health Centre）的一群醫生發現，即使把嬰幼兒留在游泳池的淺水區也不會危險。只要成人放手不去介入，他們會自己慢慢探索池水學游泳，不會貿然進入疑似不安全的區域。同樣地，小孩其實會自學騎腳踏車、使用體育館設施，只要成人別在旁不停催促或警告他們小心，就能更自信又快速地學會。美國精神分析學家克萊拉・湯普森（Clara Tompson）寫道：

25 唐諾・溫尼考特（D. W. Winnicott, 1896-1971）：英國兒童心理學家。

26 艾莉諾・吉卜生（Eleanor Gibson, 1910-2002）：美國心理學家，以兒童知覺的研究著名。

攻擊傾向不見得具有破壞性。它源自成長茁壯、主導生命的本能，這似乎是所有生物的特質。唯有當這股生命力的發展受阻，憤怒與仇恨等因素才會與之連結。

可惜的是，我們的文化讓阻力成為必然。攻擊衝動之所以對現代人是個問題，原因之一是天生探索的欲望勢必受限，無法掌握和主導周遭環境，無可避免會導致挫折。孩子有太多事不准做或不准碰，導致在西方文明中長大的我們，尤其是生活在都市社會裡，必定有不少受到壓抑——因而危險——的攻擊能量，源自於嬰幼兒早期的處處限制。

嬰兒的移動可視為初次展現獨立於母親的主體性，這種自發的移動很可能是正面動力最早的樣貌。從出生那刻起，每個嬰兒都是獨立的個體，擁有屬於自己的生命。雖然無助又得仰賴成人，嬰兒內在已有主體性，不久後便會展現出來，終其一生會益發確立自己的獨特性。隨著孩子愈來愈能自給自足，個別特質也會更具自信地凸顯。每個孩子若要獨立長大，就必須脫離依賴的狀態，方法是逐漸對自己與他人，展現充分主宰環境的力量來滿足個人需求。

美國心理學家哈利・哈洛（Harry Harlow）製作過一支影片，記錄人造假母猴養育幼猴的情況，漂亮地說明了探索行為與依賴行為的切換。實驗中，幼猴跟假母猴獨處一室，裡頭有磚塊、球等玩具。起初，幼猴滿臉困惑又害怕，緊緊依偎著母猴。後來，幼猴受到那些玩具吸引，鼓起勇氣離開母猴，一手擺在磚或球上，而每樣玩具受觸碰後都會移動，嚇得牠奔回假母猴身邊；內心獲得安慰後，牠又開始向外探索，這次比先前走得更遠。久而久之，幼猴對環境的掌握會漸漸提升，只要旁邊一直有母猴給予情感的支持，便敢玩起原先令牠又恐懼又好奇的那些玩具。

這類行為的切換可在我們自己的孩子身上看到。孩子既有依偎母親的需求，尋求關愛與支持，也有探索和掌控環境的衝動，好學習獨立自主。三、四歲的孩子很常見到這種情況。許多幼兒老愛央求「讓我自己做」，明理的母親就會鼓勵孩子盡量自己來，但可能得耐心等幾分鐘看孩子打一個結，不像成人只要幾秒就完成了。

依賴與攻擊性的互依互存

精神分析學家發現嬰兒的幻想世界充斥著攻擊暴力，其實不太令人意外，因為依賴心態與攻擊傾向互依互存、密不可分。後文討論憂鬱症時也將提到，對他人的依賴程度愈高，潛伏的攻擊能量就愈多。依賴就是給予他人掌控力量，因而會覺得自身力量必須受到約束。若孩子缺乏爭取獨立自主的衝動，只要身旁一直有人照顧，長大成人就會依然徬徨無助。有些人確實面臨這個命運，不是缺乏一般人的自信，就是童年所受教育不准做自己。嬰兒的幻想世界之所以住滿了巨怪與巫婆，正是因為他們凡事都得依賴成人。於是，學者愈深入研究迷霧般的嬰幼兒時期，便會發現愈多的攻擊能量。

依賴與攻擊性的相互關係，可以用來說明人類專有的攻擊衝動。相較於其他動物，人類特別之處在於出生到成年相隔的時間，即依賴他人的時間特別長。人類的身體生長到二十五歲才宣告完成——換句話說，人生大約已過了三分之一——而心理的成長卻永遠不會結束，心理的成熟依然是遙不可及的目標，每個人畢生不斷尋尋覓覓。攻擊衝動的一項重要功用，就是確保物種內每個成員都能獨當一面、好好照顧自己，進而保護和養育自己的後代。因此，若物種後代依賴的時間特別地長，攻擊衝動料想會格外明顯。

攻擊傾向僅僅是受挫反應的這項說法，催生了不少有問題的教養方式。許多開明善良的人都以為，孩子只要得到足夠的關愛、盡量減少遇到的挫折，就不會出現任何攻擊行為。那些過度溺愛與強調自由的父母，都沒料想到孩子竟然會變得情緒不穩，往往也比家規嚴明的孩子更具攻擊傾向；因為父母若從不重視自身的權利，一味對孩子言聽計從，孩子就會認為自己無所不能、任何念頭都要立即獲得滿足，不然便是認為所有的自我堅持都是不對的、沒有理由追求自我的滿足。日後，父母教養失靈的孩子，往往會遊走於兩個極端之間：不是毫無情感需求，就是對人需索無度。另外，若父母從來都只有溫和的一面，孩子便會缺乏安全感。畢竟，若父母從沒展現魄力或奮鬥的能力，孩子怎麼確定父母能保護自己，免於受到周遭世界的傷害？當然，太過強勢的父母可能會嚇壞孩子，也沒人想提倡重返維多利亞時代「家父長制」的威權統治。但小孩要感到安全、不怕外在環境的危險與內在衝動的威脅，就必須相信父母不但可以照顧好他，也能應付外在環境。當代社會中，有些父母太百依百順又過度焦慮，不敢展現任何攻擊性，以致於孩子無法相信他們能處理這兩件事。

一般而言，釋放攻擊的能量就需要反對的力量。溺愛的父母讓孩子沒有東西可以對抗、沒有威權對象可以反叛，無法合理化爭取自主的內在衝動。在黏膩糖蜜中游泳的孩子，沒辦法測試自己長出了多少力量。若缺乏反抗的對象，孩子的攻擊性往往會轉向自己，開始拔頭髮、咬指甲或鬱鬱寡歡、自我譴責。這種反應通常會跟莫名的憤怒感交替出現。若孩子沒有兄弟姊妹、少有機會跟同輩玩樂，就更難以正常釋放攻擊能量。正如哈洛的猴子實驗所顯示，同輩關係大幅彌補了親子關係的不足。當兩者雙雙缺席，內在累積的攻擊張力就極難處理，譬如離群索居的動物，便可能展現自殘的行為，外人靠近時則會有憤怒的反應。

孩子玩的遊戲多半有好戰的成分，諸如警匪追逐、牛仔與印地安人戰鬥，孩子藉由認同其中一方，企圖證明自己在世上有些力量，可以用來克服面前的難關。有些父母憂心孩子長大會成為好戰份子，於是禁止他們使用任何玩具武器，也不准他們玩模擬打仗的遊戲。但如此一來，他們說不定更容易養育出好戰的孩子。正如溫尼考特所說：「若社會陷入險境，不會肇因於人類的攻擊性，而是個人攻擊衝動的壓抑。」

暴力、攻擊……可以證明自身力量？

孩子意識到自己相對於成人較為弱勢，因而抓緊任何機會來證明自己的力量。在成人世界中，強者最不需要證明自己；但每個孩子都得明白自己不會永遠弱小無助，多少有些力量可以對抗他人。現實的童年暴力與攻擊行為，跟幻想還是有很大的落差。父親跟兒子打鬧時，假裝輸給兒子後跌倒在地。兒子知道自己並非真的打贏父親，但依然從遊戲中獲得極大的滿足感，也許正是基於這種幻想，才能逐步建立自信。

從小到大那些耳熟能詳的傳說與童話，只要仔細加以檢視，幻想與現實的差距便清楚可見。若把這些故事中許多暴力行為當真，再怎麼勇猛的人都會詫異不已，孩子卻讀得津津有味，彷彿故事沒有任何駭人元素。的確，成人在朗讀這些故事時，往往比聆聽的孩子更加感到不安。父母給孩子愈大的安全感，孩子就愈能容忍、甚至享受充滿暴力的幻想。唯有當父母或成人真的展現嚇人的一面，孩子才可能分不清幻想與現實，因而對巨人和巫婆的故事產生恐懼。目前缺乏有力證據顯示，無論是閱讀英雄屠龍的故事，或甚至黑幫殺警的故事，都不會對毫無成見的孩子產生不良影響，也不會誘發暴力行為。我們固然會對「恐怖漫畫」心懷反感，卻沒理由主張這類閱讀素材是導致日後殺人放火的原因。不可否認的是，若只看暴力文學和電視節目，可能會扭曲對現實的認知，或對孩子造成負面影響，讓他們只注意到所處環境中的暴力。在《信念的勇氣》（*The Courage of His Convictions*）一書中，一名慣犯如此描述著自己的成長環境：

暴力在某方面很像髒話，伴隨著我這種人長大，可以說早就成為我童年的日常。我想到暴力一點也不會畏懼，不像你一樣天生排斥或討厭。打從有記憶以來，我成長的環境到處都看得到暴力，像是母親會揍我們兄弟姊妹，我們也會反擊母親或毆打其他小孩，還有樓下叔叔會對他老婆家暴之類的。

在這樣的環境中長大的孩子，所讀所聞也許略微強化了攻擊衝動，但並無證據顯示，大眾媒體是導致青少年犯罪或暴力的主因，而禁止孩子接觸含暴力情節的電視節目或故事，也只是白費工夫，更容易引發而非抑制憤怒的情緒。

我們應該譴責的是恐怖漫畫、電視連續劇和部分色情片的粗製濫造，而非其內容本身。若我們去研究童話故事或神話的內容，便會發現閹割或煮熟敵人的駭人情節，但沒人會真的主張，煮沸或閹割敵人的王者，是讀了希臘神話或安德魯・蘭格[27]的童話故事集後才受到影響。

童年攻擊傾向的象徵意義向來都驚心動魄，但正如同成人的病理攻擊行為討論，我希望呈現的是，唯有當無法區分幻想與現實，加上持續出現童年激動的態度，幻想才容易化為現實。一般孩子可能真的幻想過把化身為巫婆的母親斬首，但唯有病態人格或精神病患者，才會真的拿起斧頭砍人。

若詳加檢視任何常見的英雄神話，就會發現都是同類故事一再傳誦。主角通常是家中年紀最小或瘦弱的孩子或年輕人，踏上一段自力更生之旅。這位主角往往會受到家人的嘲笑，潛力也不受到認可。旅途中充滿著許多險阻，主角可能會得到超自然力量或動物的幫助，通常得殺死一隻怪物或冒險達成某項任務，目標多半是要拯救落難的少女，最後成功贏得美人歸。

---

27 安德魯．蘭格（Andrew Lang, 1844-1921）：蘇格蘭學者，以文學批評著稱，花費多年搜羅世界各地的童話故事編輯成冊。

把這些故事視為漫漫成長過程的寓言，其實不無道理。孩子剛出生時，是家中最弱小又無助的成員，可能被巨人般的威權父親嚇得乖乖聽話，又被蛇妖般的母親以關愛之名處處限制，理應前進卻像石頭般困在原地。當齊格菲（Siegfried）斷開眾神之王沃坦（Wotan）的長矛，隨後在烈火岩上發現布琳希德（Brunnhilde）[28]，其實演出了每個男孩成長的必經之路，即脫離父親而後自主，成為獨當一面的男人。當柏修斯手弒女妖梅杜莎，形同是戰勝了母親的邪惡面，讓她無法剝奪男孩的男子氣概或阻礙他長大成人。

對人類而言，獨自面對人生是既困難又危險的情緒負擔，因為孩子有好長一段時間無力為之。孩子的幻想世界充滿暴力，自然也就不令人意外；他們需要蓄集一切攻擊能量，保護與確立自己逐漸發展出的主體性。

28 華格納歌劇《尼柏龍指環》的情節。

參考資料

1. Segal, Hanna, Introduction to the Work of Melanie Klein (London: Heinemann, 1964), p. 2.
2. Winnicott, D. W., 'Aggression in Relation to Emotional Development', in *Collected Papers* (London: Tavistock, 1958), p. 204.
3. Thompson, Clara M., *Interpersonal Psycho-Analysis* (New York: Basic Books, 1964), p. 179.
4. Harlow, Harry F., and Harlow, Margaret K., 'Social Deprivation in Monkeys', *Scientific American*, 1962.
5. Winnicott, D. W., ibid.
6. Parker, Tony, and Allerton, Robert, *The Courage of his Convictions* (London: Hutchinson, 1962), p. 93.

第六章

成年時期的攻擊性

◎ 人類必然只會進步？

◎「依賴」與「分裂」：人類組成團體的兩種傾向

◎ 攻擊衝動與保護自我的關係

前一章提到，孩子內心的大量攻擊衝動是不可或缺的要素，否則就無法脫離依賴的桎梏、向外探索，也無法獨當一面、組成新的家庭。姑且假設這些目標都達成了，兒童長大成人、有了伴侶，展開為人父母的冒險之旅，而成家立業後不再需要反抗父母權威，個人自由也較不受限，他的攻擊性到哪去了呢？由於依賴與攻擊性息息相關，因此大概不難想像，缺乏依賴就毋需攻擊衝動，而若社會上所有成員都是獨立成熟的大人，也全都逃離了童年的困頓，彼此理應不會尋釁衝突。

人類必然只會進步？

許多理想主義人士，包括心理學家，都打從心底相信人類正向前邁進。在前文中，我們提到阿德勒的觀點。說來很有意思，他的理論是以原生攻擊本能為基礎，日後提及這項本能時居然一直修正用詞，以致於從本來「權力意志」的概念，轉為「追求完美」。阿德勒早年熱衷社會主義，認為人類進步實屬必然，想像的未來社會中，人類能自我發展到極致，同時又是互助合作的共同體，他稱之為「尚未發展出來的理想社會，所有人類共同追求完美」。我們先前已引述梅蘭妮·克萊恩的願景，即希望兒童分析會如同學校教育般普及。她想像的社會中，人類的攻擊性僅會稍微改善，但阿德勒顯然認為，凡事皆可以由「社會利益」全然取代個人利益，他表示：「理想中完美社會的目標絕對不會是任何個人，而是身為互助共同體的人類。」當然，並非只有阿德勒相信在理想社會中，人類之間的合作會奇蹟似地取代競爭。從古至今，最讓人類魂牽夢縈的幻想之一，就是在遠古的過去、不久的未來或遙遠的未來，曾經有過或終將出現一個太平盛世，不會有任何衝突鬥爭的跡象。

> 牛必與母熊同食，牛犢必與小熊同臥，獅子就像牛一般吃草。吃奶的嬰兒必在虺蛇洞口玩耍，斷奶的嬰兒必放手在毒蛇的穴上。在聖山遍處，這一切不傷人、不害物，因為對耶和華的知識要充滿大地，好像海水覆蓋海洋一般。

以賽亞勾勒的未來願景，符合羅馬對過去的想像：奧維德在《變形記》（*Metamorphoses*）中描述了由薩圖恩治理的黃金時代，「不需法治介入，人民自主培養誠信與美德」，而當薩圖恩遭朱庇特推翻後，這段歌舞昇平的時代才劃下句點。

希臘神話中，「神佑群嶼」（Isles of the Blessed）的故事極為類似。這七座島上完全沒有衝突或鬥爭，人民個個容貌姣好、身強體壯。的確，所有財產全都共享，包括女人，怎麼可能有異議存在？歷史學教授諾曼・科恩[29]在筆下的《追尋千禧年》（*The Pursuit of the Millennium*）中，以學術角度細述這些平等、共產的幻想樂土，藉此展現所謂沒有競爭或侵略的世界，不只是古代就有的看法，若對照至未來，也是革命性的神話，可以迅速吸引受壓迫的大眾。如此毫無懷疑地嚮往沒有紛爭的社會，不完全是為了逃避現實的悲慘，因而一廂情願地做白日夢，因為這個願景也吸引了既不貧困、也未受暴政之苦的知識份子。我希望讓讀者了解的是，這其實是幻想的原型；換句話說，這是沉睡於全人類內在世界的心智內涵，因此很容易被狂熱人士喚起。

若我們先放下純粹的神話，改看較為貼近現實的烏托邦願景，便會發覺勾勒出這些願景的人，必定會提出十分可疑的想法與規範，以確保心目中烏托邦社會的凝聚力。因此，柏拉圖在《理想國》（*The Republic*）中，自覺必須排除惱人的個人主義者與詩人，還建議建立審查制度以避免「危險思想」。部分學者則體認到，任何社會都有人必須從事卑賤的工作，而逼人為奴可能導致爭議，因此不得不修改「平等」的定義，主張有些人的地位較為低等。因此，亞里斯多德捍衛奴隸制度，認為有人生性適合為奴；英國作家威爾斯（H. G. Wells）《登月先鋒》（*The First Men in the Moon*）和阿道斯・赫胥黎（Aldous Huxley）的《美麗新世界》（*Brave New World*）所想像的社會中，極端嘲諷地把這項原則發揮得淋漓盡致，他們打造的社會秩序中，每項制約、教育與改變的工具，都是要確保每個人知其本分、不會妄求進步。伯特蘭・羅素[30]在《人類有未來嗎？》（*Has Man a Future?*）中主張，消除戰爭會導致人與人的競逐減少，只是未說明其中的因果關係：

---

29 諾曼・科恩（Norman Cohn, 1915-2007）：英國歷史學家，擅長研究狂熱主義的根源。

30 伯特蘭・羅素（Bertrand Russell, 1872-1970）：英國哲學家，曾獲諾貝爾文學獎。

一旦世上再也沒有戰爭的危害，就會出現一段過渡期，人類的思想與情感仍受制於動蕩的過去。這段期間，終結戰爭的益處無法完全展現，依然會瀰漫著競爭好鬥的氣氛，而老一輩也無法立即調整心態，面對逐漸誕生的新世界。

他接著建構出一個世界，此時人類從貧窮與戰爭的恐懼解放出來，「人類心靈昇華至意想不到的高度」：

想像力實在不應僅限於神話之中……人類心靈的解放，可望帶來前所未有的輝煌、美麗與榮耀，這是過去狹隘又狂暴的世界無法企及的目標。

我們必須同理羅素對於戰爭的憎恨，以及為何他大力說服政治家正視戰爭的愚昧。但他也確實過於天真，才會以為只要免於匱乏與對戰爭的恐懼，便足以提升創造力。世界上許多偉大的文學與音樂作品，都是在經濟需求或政治壓迫下誕生。在羅素心目中那個充滿「光榮與喜悅」的世界，創造力非但不可能蓬勃發展，反而還可能日益低落。音樂家舒伯特說過：「我常常覺得自己不屬於這個世界。」其實不只是表達自己的內在衝突，也是在唾棄當時腐敗又高壓的政權。舒伯特與友人憎惡自己所處的社會，卻又無力進行改革。他並未發動革命，而是打造了想像的世界，部分是要紓發哀痛，部分則是緬懷童年單純的美好。若把十九世紀的奧地利換成羅素的千禧年，舒伯特還會有相同的創作衝動嗎？

「依賴」與「分裂」：人類組成團體的兩種傾向

除非某種生理突變改變了全人類的本性，否則不可能出現沒有紛爭的社會。

人類想像出烏托邦的能力歷久不衰，這個理想卻也不斷破滅。這不是說衝突非得以戰爭與破壞的形式出現。自從發明核子武器以來，人類比以往更需要找到適當的競爭方式，避免兩敗俱傷的局面。但像羅素那樣希望教育消弭或大幅減少人類競逐的傾向，毋寧是白費工夫。此外，若教育果真有這等力量，反而可能利大於弊。因為引起紛爭與暴力的攻擊衝動，同時也推動著追求獨立與成就的欲望。正如同孩子若缺乏衝勁便不可能長大後獨當一面，成人也必須持續釋放至少部分的攻擊能量，才能維持個人的自主。

前一章提到，嬰兒就像哈洛實驗的幼猴，輪流展現兩種傾向：緊緊依偎著母親，以及探索與主宰環境。雖然隨著孩子長大成人，這兩種傾向的交替難以再清楚劃分，但依然存在。人類是群居動物，因此需要其他人類的陪伴與支持；另一方面，人類也需要維持自我認同，感受到自己是獨立自主的個體。

人類組成團體、社會和組織時，可能是基於共同的利益或背景。社團、學會和商會都屬於略有架構的組織，成員可以彼此幫忙或支持，但個人又不至於太過投入。有些團體的組成是基於共同的理想、信仰或抱負，譬如宗教派系、革命兄弟會、唯靈論者、神智學者、精神分析團體等等，這類團體一定有高比例的成員，不但深入參與其中，通常還投注許多熱情，因為無論是宗教、政治或哲學信仰，都構成個人自我認同的核心。正是在這類團體中，可以最為清楚看到「依賴」與「分裂」兩種相反的傾向。

無論是羅馬天主教徒、同性戀者、佛洛伊德學派或工黨黨派，只要遇到想法與感受跟自己相同的人，或多或少都會從他們身上尋求慰藉。我們愈缺乏安全感，就愈想獲得外界對自我認同的肯定。若一個人不見容於所處的社會，就更需要跟志同道合的人建立深厚情誼。值得玩味的是，這樣的社會中，個別成員彼此認同感格外緊密，卻反而容易發生激烈的爭端。一旦黨派建立了明確的路線，異議份子和反叛人士就會出現。人與人團結得愈緊密，彼此出現的分歧就愈劇烈。

舉例來說，基督教早期的歷史中，就為了教義爭論不休。許多人遭到酷刑或處決，因為他們認為基督的本質與天父相似但不完全相同，而且天父的地位至高無上。由於宗教信仰觸及人類內心深處的需求，說不定是最能同時團結又分裂人類的強大力量。宗教是基於信念的體系，宣稱能界定人類在宇宙中的地位，假定存在著某位保護人類的神祇、彌補沮喪人世的天堂，並且讓信徒覺得無論自己再怎麼卑微，依然曉得何謂真理。宗教信仰之珍貴，往往讓人犧牲生命也在所不惜。

然而，這類信仰伴隨著一項詭異又惡劣的特點：只要有人跟自己的信仰稍微分歧，信徒很容易把對方的信仰歸類為異端邪說。勸世人愛鄰舍如同愛自己的宗教，卻也催生了狂熱的仇恨與迫害。基督徒本來就常殘酷對待文化與信仰迥異的民族，但令他們更不能容忍的是，異教徒宣揚跟當下正統基督教近似但不全然相同的信仰。

共產主義也有相同的特點，雖然共產主義不是宗教，卻肯定屬於信仰。若有偏離政黨路線的行為，往往導致流放、酷刑或處決，有關「修正主義」紛爭就會引人訕笑了。但宗教和政治意識形態的歷史清楚顯示，信仰勢必會隨著時間調整，某個時代被認定的異端，到了另一時代很可能就成了正統。

精神分析運動的歷史再度顯示，基於共同理念而密切來往的人，也難免會有激烈的意見分歧。佛洛伊德有時遭批評為人專橫，但比起許多政治和宗教領袖，他絕對沒那麼自以為是。儘管如此，精神分析發展早期的紛爭不斷，諸如阿德勒、史德凱爾和榮格等知名學者先後出走。撰寫本書當下，精神分析學家已稍微能包容內部的分歧與異議。但無論是佛洛伊德派或榮格派，內部仍經常莫衷一是，只是從局外人看來，這些觀點的分歧可能不值一提。

實際上，只要是基於理念認同而結盟，裂痕的產生無可避免，也必然伴隨著攻擊性，因為認同必定會涉及依賴，這代表可能受到依賴對象的傷害。若一個人抱持非主流的信仰，或屬於弱勢族群，或因為童年某些匱乏而缺乏安全感，就會努力在他人身上尋找自己，藉此確定自我的認同。但他要持續感到安心的前提是，認同對象得一直表達類似的信念與看法，只要有任何明顯的悖離，都會被視為一種侵犯，威脅內在的安全感，進而產生攻擊衝動。異端份子之所以遭到迫害，是因為他們危及信徒的安全感，而正統教徒對異議份子祭出的殘忍懲罰，同時見證了信仰的強大與脆弱。正統派對於異端的懲罰式衝動只是其中一面，另一面是異端在脫離團體時，本身對團體自我表態的衝動。人類所面臨數一數二的難題就是，跟外界保持足夠的密切來往，同時又要維護個人自主。異端之所以反叛，是因為發覺主體性被正統信仰給箝制。基於深度認同的服從，起初固然帶來踏實感，卻也容易對需要主張自身觀點的人，產生自由的限制。

攻擊衝動與保護自我的關係

孩子與母親的類比就很清楚了。人際關係若建立在認同與相互慰藉上，就絕對會出現分裂的傾向。即使再不專斷的父母，都必須面對孩子的叛逆；同樣地，成人若因為太過認同他人而感到綁手綁腳，也終究會設法掙脫身上的枷鎖。

童年的攻擊衝動讓孩子脫離父母的宰制，而成年的攻擊衝動則在保護與界定自我。每當自我因為對他人認同過深而受害，攻擊衝動就會增加，導致雙方分道揚鑣。這個過程極為類似地盤保衛行為的攻擊衝動。自己與鄰人必須相隔一定距離，否則自我恐怕受到危害。但自我又需要鄰人的存在，因為，隔絕於世就無法完整為人。

異議、爭辯甚至競逐都有益於人類的存續，畢竟一個人若要了解自己的身分、想法和信念，除非有想法與信念不同的他人當參照，否則怎麼有辦法曉得呢？人生在世，我們必須要能起身抗衡他人，不然個人的主體性就不復存在。愛丁頓[31]討論相對論時寫道：「類比若缺乏周遭的事物當對照，便不具任何意義。不妨想像自己身處一片虛無之中，再設法告訴我你有多大。」他在此可能指人的特性，而非具體的尺寸。

因為我們從心理與生理角度界定自己時，必須透過比較來尋找相似處與差異處。顏色只有另一顏色可參照時才會存在；性格唯有相對於其他性格才具意義；「我」必須有「你」才能發揮作用。

人類身分的維持仰賴著對立面，若「敵方」並不存在，我們就得加以創造。這不代表我們得毀滅對手或懷恨在心。英國下議院中的「敵方」，在日常生活中往往是朋友。律師也是一樣，法庭上可能彼此激烈地言詞交鋒，但案子結束後，可能會一起和睦用餐。的確，競爭對手之間關係的緊密度，超越對彼此漠不關心的人；跟我們畢生意見不合的辯論對手過世後，往往會帶來很大的失落。

人類不會彼此競爭的烏托邦，勢必會沉悶地難以想像，充斥著缺乏特色的個人組成的團體。唯有在子宮或墳墓裡，人類才不必與人紛爭。對於這兩個私密又神聖之地，我們可能心懷嚮往或懊悔，但前者多采的生命尚未展開，後者生命則已永遠消逝了。

31　亞瑟·愛丁頓（Arthur Eddington, 1882-1944）：英國天體物理學家，率先將相對論帶進英語世界。

參考資料

1. Adler, Alfred, *Superiority and Social Interest* (London: Routledge & Kegan Paul, 1965). p. 40.
2. Adler, Alfred, ibid.
3. The Book of Isaiah, Ch. 11, v. 7-9.
4. Cohn, Norman, *The Pursuit of the Millennium* (London: Secker & Warburg, 1957).
5. Russell, Betrand, *Has Man a Future?* (London: Allen & Unwin, 1961; Harmondsworth: Penquin, p.125).
6. Eddington, A. S., *The Nature of the Physical World* (Cambridge: C. U. P., 1928), p. 144.

第七章

兩性關係中的攻擊性

◎ 生物的攻擊性：雌雄大不同

◎ 從性看見男女攻擊性的差異

◎ 兩性關係反映出的個體特質

在我們的社會中，每個人都很熟悉兩幅漫畫：一幅內容是長得像猿人的男子，手上拿著一支棍棒，抓著被征服女子的頭髮拖行著；另一幅描繪的是威風凜凜的女子，對看似無能的男子發號施令，或加以羞辱。這些主題有著不同的版本，成了圖文雜誌最愛用的笑話素材，因為每幅畫面都反映了日常的處境。

生物的攻擊性：雌雄大不同

包括人類在內的多數高等動物中，雄性通常比雌性更具攻擊性。前文探討過的打鬥儀式基本上只出現在雄性身上，雌性通常不會為了爭奪地位或地盤打鬥。但不可否認的是，雌性也有凶悍的一面，例如只要跟保護幼兒有關，雌性便會展現最猛烈的攻擊行為。獵人和動物學家也都清楚，凡是接近帶小孩的雌性動物，絕對是極度危險的舉動。另外，雌性動物爭奪同一位雄性動物時，便可能會攻擊彼此，該物種若是一夫一妻制，這個現象便更為明顯。在靈長類動物中，長臂猿最大的特點就是對配偶的專一與忠誠度。據說，雌長臂猿凡是遇到潛在的情敵，就會變得妒心大起、充滿敵意。

但一般而言，雌性的攻擊性唯有威脅逼近，尤其是牽涉幼兒安全時，才會完全展現出來；雄性的攻擊性在相互較勁、保衛地盤和展演力量時，都較會自然流露。在雄性荷爾蒙的作用下，幼小動物容易變得更具攻擊性，而就人類而言，父母根據日常教養經驗，通常都會表示男孩比女孩更吵鬧、固執，又較不聽話。針對稚齡幼童的控制觀察結果顯示，男孩習慣比女孩展現更多外顯的攻擊行為，這項特徵從童年、青少年到成年階段依然不變。另外，雄性之所以有較多的攻擊衝動，很可能具有生物學上的優勢，即探索能力可以確保脫離母親，進而能讓其獨立自主、養活自己，之後再建立、保護自己的家庭。

雌雄攻擊性的質與量在生物學上的差異，意味著兩者無法互換；在生物學上，雄性和雌性各自有展現攻擊行為的適當方式。這也可以說明，我們傾向認同拿著棍棒的猿人那幅漫畫，或至少沒有任何丟臉的意涵，但大女人主宰小男人的漫畫則讓兩性都蒙羞。雖然我們當下所處的文化與時代中，兩性角色的界限略為模糊，但實際上具有威嚴、略帶冷酷的男人受到推崇，而擁有相同特質的女人則常被批評為缺乏女人味。

經常有人主張，男性與女性的心理差異是文化與傳統的產物，而非反映任何生物學上的不同。的確，男性與女性的可塑性很高，具有適應不同角色的出色能力，導致兩性之間的基本差異，很容易因為仿效童年早期家庭模式而被掩蓋。即使在大不列顛這個小國裡，隨著階級與地區的不同，對於攻擊性的容忍度與期待也有巨大的落差。在格拉斯哥工人階級眼中，不特別好鬥的男子，到了倫敦較屬上流的貝爾格拉維亞區（Belgravia）或南肯辛頓區（South Kensington），可能被視為野蠻又暴力。自詡彬彬有禮、應對有度的「紳士」，到了倫敦或利物浦碼頭區，則可能發現自己不願展現內在攻擊衝動，往往會被當作缺乏男子氣概。個人攻擊性的處理與展現，確實存在著文化差異。舉例來說，在《信念的勇氣》一書中，一名慣犯描述了從小生長於肖迪奇（Shoreditch）的貧困環境：

……我們只懂得以暴制暴，這一直是處世的原則。只要有人拿水潑你，你就要潑回去；假如你的塊頭不大，就找他人幫你撐腰。這就是日常生活與行為的一部分，就是暴力。

相較於暴力犯罪的溫床，另一個極端是中產階級家庭，而且通常是虔誠的基督徒，攻擊性的言行是極大的禁忌，任何髒話或一時情緒失控都是罪過。這樣的氛圍教育出的孩子，往往不曉得如何捍衛自己，也缺乏跟同儕競爭的能力。

就連同一城市中的文化差異都這麼大，實在難以界定男性或女性哪些攻擊言行是「正常範圍內」。但生物學上的差異依然存在。我們研究特定文化環境中的男女關係時，發現男性較強勢、女性較溫順的組合，不僅有助家庭穩定，也是房事愉悅的基礎。

我們在前言中已提到，日常生活用來描述智能活動的詞彙，本身含意就具有攻擊性。無論是「駕馭」（master）問題、「對付」（attack）難關、「鍛鍊」（sharpen）心智或「直搗」（penetrate）謎團核心，即使過程再平心靜氣，所動用的力量終究源自原始攻擊衝動，設法要取得環境的主導權。而男性在知識與創造力方面具有的優勢有目共睹，極可能是跟男性的天生攻擊性較強有關。誠然，女性經常不被男性善待、教育機會遭到剝奪、處處被貶低、被迫要百依百順。但即使女性有機會陶冶藝術素養、發展科學能力，也鮮少能打造出品質過人的原創傑作，而目前也少見女性像米開朗基羅、貝多芬或歌德等人一樣天縱英才。所謂女性若獲得機會、受到鼓勵，就必然會取得或超越男性的創意與成就，實在是有待商榷。唯有獨尊創造精神的人，才會一心想強調女性在這方面可以跟男性競爭。

從性看見男女攻擊性的差異

我們居然會關注這樣的問題，實在是有損我們的文明，因為這顯示我們對自己原始本能的嚴重疏離。探索外太空、彩繪西斯汀教堂、創作九部交響曲等都是重要的男性成就，但同樣重要的是，男性也應該受到關愛、獲得溫飽並繁衍子嗣。傳統女性不需要跟男性競爭，因為唯有她們做得到更基本的事，像是付出關愛、養育孩子、建立家庭等事情，否則人類就會滅亡。唯有基本價值遭質疑的文明，才會進行那些無謂的比較。

精子奮力地游泳，卵子被動等著它進入。性器宮的構造本身，也間接呈現了兩性角色的差別。雖然文化與個體發展可能讓男女心理差異變得模糊，基本生理構造形塑了無法避免的基底，成為兩性情感差異的穩固基礎。在構造比人類簡單的生物身上，可以同時或分別刺激不同的生理衝動。因此，只要有適當的外在刺激，慈鯛就會展現攻擊、恐懼與性行為，或是同時出現數種衝動。雌鯛的攻擊行為會抑制性衝動，恐懼則沒有這項效果，雄鯛的攻擊行為與性衝動可以並行，但恐懼會讓雄鯛無法發揮性功能。

這個類比過度延伸並不恰當，但就我們人類而言有相近之處。男人的性確實有「攻擊衝動」這項重要因素，這是肇因於追逐與衝刺的原始需求，而屈服的女人也會予以認可並回應。另外，懼怕女人的男人很難達到完全的性興奮，也不易喚起女人同等的性反應。男人無論是部分或完全性無能，毫無例外都是恐懼所造成，而且自己往往還不自知。

然而，女人的情況通常恰好相反。雖然過度恐懼性行為的女人也可能性冷感，但往往是憎恨男人、潛意識好勝的凶悍女人，造成我們文化中更普遍的問題。完全令人滿意的性關係意味著雙方都能投入情感。許多人因為童年發展多舛，無法做出這等承諾、放不下心去義無反顧地愛人，也不相信有人會無條件愛自己。對他人缺乏信心的源頭是缺乏安全感，容易導致男女不同的行為模式。沒安全感的男人展現的霸氣與衝勁，經常比不上有信心的男人；沒安全感的女人展現的強勢與好勝，往往超越較有安全感的其他女性。

此外，基督教長期以來教我們以自我犧牲與溫柔來看待愛，導致許多伴侶從未體驗過真正美妙的性。無數的傳統性愛教戰手冊都要先生克制自己，或做愛時小心翼翼，導致他們抑制了性事中的攻擊衝動，結果就是妻子無法充分加以回應，他們自己也無法從中獲得快感。

我們不妨看看所謂的性偏差，藉此了解兩性關係中，攻擊衝動所扮演的角色。缺乏安全感的人，無論完全享受性的愉悅，通常都有自己深感羞恥的性幻想，但這些幻想都含有真正性生活少了的激情，只是過度誇大而已。這些幻想通常也包括施虐受虐的情節，即把男性主導、女性服從的模式發揮到極致。值得重視的是，男女偏好幻想類型確實有差異。近年流行的電影顯示，女性可能常幻想，某個冷酷的男性會把自己擄走一逞獸慾。正是這樣的幻想，諸如《沙漠情酋》的酋長、《亂世佳人》的白瑞德或金剛等電影角色才會風靡許多女性。對霸道男性的恐懼，不但不會抑制女性的情慾，反而還會加以強化；而少女時常害怕有男人在床底或陰暗角落伺機而動，但除了內心的恐懼之外，其實也暗藏了些許性興奮。另一方面，女性無論再怎麼強勢，鮮少會有宰制或羞辱男性的幻想，只是可能在進行情慾活動時設法配合，以取悅有此要求的男性。

相較於女性，男性常常會有性施虐的幻想。在許多情色文學中，女性都遭到捆綁、人身自由受限、孤立無援甚至被人毆打。幻想與現實一般有很大的落差，平時有施虐想像的男性，幻想中希望伴侶樂於當無助的受害者，實際上卻鮮少會真的傷害伴侶。病態人格或精神病患者，才可能會不顧伴侶的感受，逕自要在現實中重現施虐幻想；但多數有此想法的男人其實都過度體貼、寬容又溫柔，不符合一般對男性的期待。

對這類經驗感到陌生的人，不太容易理解為何男性也可能出現受虐幻想，任憑強勢的女性發號施令。原因在於，無論男女都想退化回受成人照顧的時期。我們出生時都是無助的嬰兒，因此仍保有那段關係的記憶，即凡事仰賴父母的幫助，進而想追求相同的假象。女性更需要有保護自己的對象，所以較容易受出現這種退化。一般咸認，女性比男性更需要安全感；換句話說，女人想要一個家，可以拉拔孩子長大，還有個男人提供生活所需。在相同的情況中，男人通常會感到綁手綁腳、進退兩難，被女人當成利用的工具。想當然耳，大部分男女之爭正是這項差異所造成。

因此前文提到的兩幅漫畫，其實有心理學的意涵，說明了兩性的基本差異。女人再怎麼感到解放，依然會希望另一半握有主導權；而妻管嚴的先生搭配強勢的太太，也會一再引起我們的訕笑，即使自認很有教養與同情心也一樣。

正如先前已提到，在當代西方文明社會中，因情緒困擾而諮詢精神科醫師的男性，往往都缺乏衝勁，女性伴侶則常常展現盛勢凌人的氣魄。當然，這不是絕對如此。無論生理性別為何，精神官能疾病的可能症狀，便是出現病理上的攻擊行為，或過於壓抑攻擊衝動導致過度順服。儘管如此，太聽話的男性與太強勢的女性這種組合實在太過常見，導致許許多多的婚姻失和。

這個組合是怎麼形成的？是否可以進一步釐清兩性的攻擊衝動？孩子在漫長的成長過程中，逐漸擺脫了依賴的狀態，也愈加認同跟自己相同性別的成人。若情感發展一切順利，孩子就會成為獨當一面的男人或女人，具有跟他人競爭的自信，也能找到地位同等的性伴侶、建立新家庭。眾所皆知，這樣的發展過程很多時候並非一帆風順。沒安全感的孩子依然黏著父母，無法克服依賴的狀態。父母本身可能因為自己的情緒障礙，無法提供男子氣概或溫柔婉約的楷模供孩子仿效。冷落、分居、父母爭吵等許多因素，都可能害孩子無法按照我們的期待順利長大。情感發展未能臻於成熟，成年後也就難以建立完滿的異性關係。

兩性關係反映出的個體特質

男人與女人唯有跟彼此建立關係，才能成為完整的自己。當這樣的關係付之闕如，像是單身漢或老姑婆，長期孤獨就會具備異性的特質。獨居男子經常會變得小題大作、難搞又軟弱，而獨居女子會展現類似男性的效率，以及果斷又務實的能力，這些原本理應是先生的責任。我們的內心似乎同時有陽剛與陰柔的特質，就好比在特定的環境中，我們都可能成為同性戀者。這當然跟基因有部分關係，因為男女細胞的結合造就了我們，我們身體每個細胞都具有兩性的染色體。更重要的是，幾乎所有人的童年都同時受到父母的影響，分別學會了父母的行為模式，努力在兩人身上找尋認同感。如此一來，若我們長大以後未能跟異性建立親密關係，至少有些概念——儘管經過個人曲解——曉得如何身兼兩角。

榮格曾指出，男性內心的女性與女性內心的男性都屬劣等特質。男性若無法將陰柔面投射於某位女性身上，情緒就容易起起伏伏，也容易感情用事，可能會被貶為娘娘腔；女性的陽剛面若未反映於情人或先生身上，就會變得固執不已、動輒說教，沒安全感卻很有主見，令男性在替女性主管工作時備感不耐。

一般而言，男女缺乏適當關係的結果，便是女人更為強悍、男人更加弱勢。神經質的男人抱怨老婆太霸道，神經質的女子抱怨老公沒魄力。這類夫妻結婚後，常發覺自己很委屈。女人害怕跟男人經營完滿的關係，只好展現強悍來保護自己，以免被對方吃得死死；男人害怕扮演百分百陽剛的角色，於是挑了個不會多加要求的另一半，卻又憎惡她無法完全激起自己的潛能。在這樣的婚姻中，夫妻雙方都會展現異性擁有的特質，無法劃定彼此在關係中的角色，即男女的界限變得模糊不清。

這不必然是要社會回到維多利亞時期的婚姻，讓女性完全位居卑微的地位。女性解開社會的束縛已是鐵打的事實，任何人都無法讓時光倒流。但我們要解決接下來的問題，還有好長的一段路要走，當下其中一項問題，就是西方社會中婚姻的不安定。

如前所述，單身女性身上典型的強悍性格，部分是要讓自己不必進入完整的關係。若讓男人主導關係有安全之虞，就不可能展現百分百的女性特質。女人若在初期因為恐懼或缺乏安全感，害怕遭到傷害或真正的親密關係，就無法輕易讓男人深入她最私密的堡壘。因此，她的攻擊傾向是種防禦機制。但還有另一層面向：嘮叨又強悍的女人通常下意識是要男人展現她最害怕的一面。無論是惹惱男人、無理要求、挑三揀四，女人其實是在批評男人缺乏陽剛味，藉此喚起他強勢的回應。女人的攻擊行為有雙重目的，避免自己受男人主導，同時又要男人硬起來。另外，若自己表現得強悍，便能放心激怒對方，較不會因此感到內疚。脾氣格外凶悍的女人，會對極度強硬的男人有著幻想，卻嫁給好好先生。沒安全感又沒脾氣的男人，想要另一半百依百順、溫柔婉約，最後卻娶了強勢的太太。雙方互動終究無法滿足彼此，因彼此都在伴侶身上尋找自己理應擁有、卻不敢展現的特質。沒安全感的女人害怕自己任勞任怨的一面，沒安全感的男人則害怕自己強勢霸道的一面。

我們花較多篇幅說明神經質女性的攻擊衝動，因為這項特質在她們身上會過度顯現。而神經質男性比一般人更缺乏攻擊性。這當然意味著攻擊性受到壓抑，很容易導致沒來由地發脾氣，或深陷憂鬱情緒當中；後面章節也會提到，這跟無法處理攻擊衝動有密切的關係。

在此必須討論攻擊性與恨的關係。如前所述，攻擊衝動是性的一部分，凡是人類自我展演的活動，都具有攻擊傾向。然而，唯有當情慾關係失靈時，愛裡的攻擊成分與愛本身可能轉變成恨。

一般認為，夫妻之間的爭吵是數一數二激烈的人類紛爭。在許多殺人案中，若動機不是搶劫，主嫌常都是受害人的性伴侶。正如莫里斯（Morris）和布魯姆—庫柏（Bloom-Cooper）在《謀殺曆》（*A Calendar of Murder*）中所述：「在這個國家中，殺人案十之八九都發生在家庭之中，譬如丈夫殺害自己的妻妾孩子，以及婦女殺害自己的親生骨肉。」對於手弒出軌妻子的丈夫，或因吃醋而犯下謀殺案的情人，一般民眾都會抱持些許同情，畢竟「情殺」容易讓我們產生共鳴，謀財害命等暴力犯罪則無法引發類似的反應。

多數人類的自尊主要都源自於性。對於自己的陽剛或陰柔有信心，也是形塑自我認同的基礎。有些男女因為童年的情緒障礙，無法發展到能愛人與被愛的階段，等於失去了建立自尊的基本來源，勢必要承受苦果。有些人在現實世界經過激烈競爭，獲得了財富與地位；有些人憑著自身的天賦，化失望為創作能量，鑽研起藝術或科學，熱情宛如追求女人的男人。男女為了隱藏、彌補在性方面的挫敗感，方法多到需要記錄成冊。所謂的正常人——若存在正常人——應藉由愛人與被愛不斷肯定自我價值。因此，性愛的目的不只是發洩、緩解性衝動，也是自尊的源頭。我們無法逃避自我生理本能，身體也是自尊的基礎，既付出愛，也接受愛。

世故的知識份子可能會反駁道，無論男女都可能因為天賦或成就出眾而自豪，但把本能衝動當成自尊的基礎未免太過荒謬。他們會說，任何笨蛋都能做愛，但唯有優秀人才懂得繪畫、創作交響樂、取得財富或打造成功的企業。但若種種成就才是自尊的基礎，唯有少數人才會產生自信。然而實際情況是，無論是清潔工或百萬富翁都可以有男人的尊嚴，而郊區主婦擁有的自信反而經常超越文學才女。

理想上，每個孩子理應要有安全又充滿關愛的家庭，因此深信自己值得被愛，也確定自己能付出愛。這樣的孩子長大後面對失戀、不忠或性剝奪，頂多情緒暫時波動，但依然擁有安全感，相信即使伴侶拒絕發生性關係，只意味著對方不懂欣賞或未能看到自己的優點。換句話說，這個理想上深具安全感的人也會因性挫敗而煩躁，但不會有自我認同受挫所導致的勃然大怒。然而實際上，沒有人具備如此的安全感與自信。遭到情人或約會對象拒絕之所以危及自尊，是因為多數人都仰賴性伴侶不斷肯定自我價值，確定自己是值得愛的人。依賴程度因人而異，童年不幸遭到遺棄、冷落或有所匱乏的人，日後對於遭到拒絕的反應，遠大於那些從小有父母無條件關愛與接納的人。但無論童年多麼幸運，我們或多或少都有脆弱的時候，因此每當出現意料之外的熱戀，就有可能出現相等的恨意。當然，有些人即使示愛遭拒也似乎不會萌生恨意。傳統上，失落的情人都表現得意志消沉，而非大發雷霆。然而，正如後面章節對於攻擊性與憂鬱症關係的探討，遭拒絕的人感受到的傷害與悲戚，掩蓋了對拒絕的人產生的強烈恨意。而內心的絕望與自責可能導致自殺，因為原本應向對方發洩的狂暴憤怒，就此轉移到了自己身上。

正因為愛是自尊的重要來源，在戀愛關係中受挫就宛如對自我的否定。拒絕所引發的強烈恨意其實是為了自保，被拒絕的人即使自尊受損也要展現氣魄。愈依賴他人的關愛，就愈容易感到危機，一旦愛不見了就會產生恨意。我們在前面章節中，已討論了攻擊衝動與依賴的關係。由於人類是群居動物，而愛需要有個伴侶，我們都對彼此有所依賴。但唯有那些因情緒不穩而更加依賴的人，求歡遭拒時的反應最為強烈。所謂的正常人，自尊源於父母給予的愛，儘管也會受傷與生氣，卻能從傷痛復原、找到新伴侶，而曾受過冷落或付出愛卻無回報的人，才會覺得被人拒絕難以忍受，甚至自殘或對前任伴侶暴力相向。因此，正如許多離婚訴訟所見證，戀愛關係失敗必然伴隨敵意，那些能平靜結束關係的人，不是在隱藏內心真正的感受，就是未將情感充分投入關係之中。

參考資料

1. Berkowitz, Leonard, *Aggression: A Social Psychological Analysis* (New York: McGraw-Hill, 1962), p. 268.
2. Parker, Tony, and Allerton, Robert, *The Courage of His Convictions* (London: Hutchinson, 1962), p.36.

第八章

攻擊性與憂鬱症的關係

◎ 憂鬱與攻擊衝動的關係

◎「他人」對於自我界定的重要性

◎ 被愛的假象

目前為止針對攻擊性的討論，重點都在於它在日常生活、人際關係與社會關係中的正面功能。本章與接下來三章會更著重精神病理學，分析那些無法接受自我攻擊衝動的人。這些人的攻擊衝動不是受到壓抑、轉而發洩於自己身上，就是不被接受而歸諸他人，或以激烈又幼稚的方式表達。換句話說，這些人無法正面地紓發攻擊衝動，因此被視為患有精神疾病或適應不良。這些人與「正常人」難以明確劃分，因為兩者都有相同的心理機制。儘管如此，在任何社會中，勢必都有許多人不同於一般人，不是親身經歷內心折磨，就是造成他人的精神痛苦。這兩個面向往往會加以結合，譬如某個男子自殺後，同時傷害了自己與親人。目前我們對於這些人的認識不多，假如能完全理解，不只會更加明白精神疾病，也能釐清人類獨有的復仇心與殘酷，正如引言中所提到，這是其他物種無法比擬的特質。

憂鬱與攻擊衝動的關係

在外行人看來，攻擊衝動和憂鬱症的關係並不明顯。無論持續時間長短，每個人多少都曉得憂鬱的感覺，因為任何人一輩子都有失望、喪親或偶爾失敗的時刻。另外，許多人都體會過悲傷或沮喪的情緒，卻似乎找不到外在原因，只好歸諸身體不適、天氣變化等瑣碎的理由，而有時其實也沒說錯。對這些人而言，憂鬱是肇因於攻擊衝動的束縛或壓抑，他們會感到難以置信。但若指出，憂鬱的人缺乏一般的「衝勁」，或對事情的掌握度變弱，對方可能就會同意。

憂鬱也許是一般人最常尋求精神科協助的症狀，嚴重度從一時的難過、無精打采，到絕望的痛苦狀態、甚至考慮自殺或真的尋短。學界曾試圖根據嚴重度或成因，把不同的憂鬱類型加以彙整，只是都未能成功，因為它跟多數精神疾病一樣，無法單獨切割成獨立的部分，而是一條連續的光譜，從接近正常的狀態，到需要醫療介入的精神疾病。重度憂鬱症的症狀之一是悲傷的情緒，儘管這不見得是憂鬱症的主要表徵。另外還有對身體活動意興闌珊，嚴重時可能會幾乎整天一動也不動，以及導致心智活動遲緩，其他伴隨的症狀包括生理時鐘紊亂（通常是過度早起）、失去胃口、便祕、肌肉張力流失導致彎腰駝背、性慾減退等。許多憂鬱患者深信自己是罹患了可怕的生理疾病，即使沒檢測出癌症、梅毒或肝炎也一樣。說出自身煩惱的患者都會坦承，自己感到無助與自責，後者往往是拿過去雞毛蒜皮的小事怪罪自己。有些患者覺得自己是最差勁的人，凡事都責怪自己的無能，尤其容易對親近的人抱持敵意。每年光是在英國，就有至少五千人自殺，其中大部分都有前述的症狀。

除了個人的傷痛或失敗可能引發憂鬱反應，其他可能因子還包括伴隨更年期的體內化學變化、流感等傳染病，或經濟蕭條等社會因素。然而，這些只對性格脆弱的人產生影響，不完全是憂鬱的原因。

每個人或多或少都會感到憂鬱，畢竟這是對挫敗或失落的正常反應，但有些人卻特別容易出現憂鬱傾向。有些人不斷受憂鬱所擾，卻缺乏確切的外在誘發因子，精神科醫師通常會視為先天疾患，即所謂的內因型憂鬱症。但「內因型」一詞等於間接承認了醫師的無知，意味著憂鬱症是患者自身的問題，醫師無法找到明顯的因子。許多人面對小挫敗容易反應過度，例如考試失利，還有些人遇到更為枝微末節的小事就深陷憂鬱。藉由深入探討患者的人際關係與境遇，有助揭露憂鬱症的成因。這並非否認容易憂鬱的人可能具有特定基因或體質，只是意欲表明若要了解憂鬱症，就必須考量患者過去的成長背景，以及跟親人的關係。

憂鬱的狀態並非人類獨有。在前面章節中，我們提到蛇類之間的競爭儀式：輸家會逕自爬走、無法交配，贏家則會以勝者之姿立即交配。野雁突然失去伴侶時，也會出現類似的情形。失去伴侶的野雁變得沒有活力、在雁群中的地位降低、展現不同以往的姿態，還會有奇特的行為模式，而且無法喚起其攻擊衝動。

等到牠終於能再競爭時，可能會異常凶猛地攻擊其他野雁，較不受平時避免攻擊同類的抑制作用所限制；在這之後，該野雁便會恢復正常的姿態與行為。

在精神病院憂鬱症患者身上也常觀察到類似的反應，尤其是服用抗憂鬱藥物或接受電療法的前幾天，護理師懂得留意並回報攻擊性的細微徵兆，像是抱怨食物難吃、批評員工等，這些往往代表患者即將開始好轉。實際上，顯而易見的是，無論是人類或其他動物，憂鬱狀態都伴隨著攻擊衝動。

失戀、挫敗或喪親之痛，都是憂鬱反應的常見誘發因子，可以清楚找到外在原因。然而仍有待釐清的是：為何失去愛人和競逐失利會導致相同的情緒反應？前一章指出，遭愛人拒絕必定會引發憎恨；而沒獲得特定職位或功敗垂成，也難免造成怨懟與傷心。另一方面，一般人可能以為親友的死只帶來純粹的悲傷，但其實失去親友經常引發憂鬱傾向，這跟單純悲傷的不同之處，在於抑制了對外界的攻擊衝動，轉而把衝動導向自己，導致產生自責與挫折的感受。

「他人」對於自我界定的重要性

常見的一個例子就是盡心照顧病重母親的女孩，可能在母親離世後陷入重度憂鬱。雖然她深愛著母親也悉心照料，卻仍怪罪自己不夠孝順，拚命回想先前態度不耐或疏忽的時刻。她非但不認為自己是孝順的女兒，更把自己當成犯人，還可能懷有尋短的念頭，自認無用到沒資格活下去。這背後有許多因素。首先，女孩失去了她最愛的家人，從而出現悲傷的情緒。第二，她失去了自己依賴的人，再也得不到保護與支持。基於情感上的依賴，面對母親的死亡，女兒既憤恨又難過。不得不離開年幼孩子的父母，回家後往往會發覺，孩子不但沒展現熱烈的歡迎，反而還態度冷淡、無所謂、甚至發起脾氣。一旦原有的支持遭剝奪，我們或多或少都有此情緒反應。第三，凡是得長時間給予他人無微不至的關懷，任何人內心都會壓抑著一股憎恨，尤其是那些要照顧病人的家屬，因為視病況而定，需要家屬格外細心，許多大小事也可能因此綁手綁腳。若年輕女孩接連數月都陪在生病母親的旁邊，她可能過好自己的生活嗎？第四，她失去了幫自己找到定位的人。凡是跟我們關係密切的人，無論是愛是恨，都讓我們可以肯定自我的獨特與主體性。因此，即使失去的是成天跟自己吵架的人，都會引發憂鬱的狀態，因為就此少了鞏固自我認同的重要管道。

作家毛姆筆下一則短篇故事恰好說明了這點。兩名患有肺結核的男子多年住在療養院，彼此是不共戴天的仇敵，其中一人會故意亂拉小提琴惹另一人生氣。兩人動輒向療養院院長告彼此的狀、只要見面必定吵架，舉凡房間和福利等，各種事都能爭。儘管如此，其中一人病逝後，另一人卻傷心欲絕。如今少了敵人，他就沒有拌嘴的對象、沒有人可以反抗，進而肯定自我的認同。即使消失的是仇人，都會阻礙個人與外在世界（即我們所謂的「生活」）的交流。

由此可見，失去親友的人會暫時壓抑攻擊與關愛的感受；據此可以推論，親友仍在世時，身上必定有某個特質，讓人又愛又恨。由於在基督教的傳統中，我們受到的教誨是自己只能展現關愛的一面，所以傾向壓抑、忽略一項事實：即使面對人生摯愛，我們往往也維繫著矛盾關係，主因是我們習於醜化攻擊性，而非視其為一項必要動力，讓我們可以駕馭環境，同時跟彼此保持一定距離，才不至於過度依賴，依然是獨立的個體。此處攻擊性並非字面上的意思，不是說我們討厭自己所愛的人，而是我們內心都存在著一股衝動，用來劃分個人的界限，這不僅是生存所需，也可避免相愛的人過度彼此依賴。

誠然，並非所有人失去親友都會感到重度憂鬱。但凡是重度憂鬱的人，或負面經驗造成憂鬱久久不散的人，特別是那些莫名陷入憂鬱的人，通常有共通的人格特質，得從童年發展的角度來討論與說明。

一般而言，嬰兒會獲得母親足夠的關愛，藉此內化自己值得被愛的堅定信念。這份信念日後會對孩子大有助益，代表他與人來往時，會具備一定的自尊心，即使遭到拒絕或挫敗，都可以尋求內在的力量，克服各種難關、傷痛或失落。套用帕夫洛夫的術語，也許可以說他已受到制約，無論是外在成就或個人關係，都料將取得成功。套用精神分析術語，則可以說他內攝了好母親（好乳房）的形象，因此內在有個愛的源頭，不受變化無常的外界干擾。由此可以推論，人生的自信取決於嬰兒與母親的初期關係。

另外，若這份經驗良好，便能讓孩子順利進入下一個發展階段，察覺母親除了提供關愛與溫飽，有時還會帶來挫折、甚至顯現惡劣的態度。由於嬰兒只要受寒、飢餓或未受關注就會生氣哭鬧，加上母親難免有時無法立即滿足其需求，因此嬰兒勢必不時會對母親心生憤怒，同時可能以為母親也在生他的氣。這種情況只要不常發生，忍一忍也就過去了，只要母親的「善」大於「惡」即可。長大成人後，我們難免偶爾會對所愛的人生氣，同時理解對方也可能生我們的氣，只要明白這些情緒底下仍伏流著愛，或至少氣消後愛就會回來。

被愛的假象

然而，假如嬰兒早期跟母親相處中，無法建立她本質為「善」的信念，日後就會發覺無法相信自己本質為「善」或值得被愛，也會缺乏足以仰賴的自尊心。無論事業多麼成功，他都很容易因為挫敗、拒絕或希望落空而沮喪萬分，視其為世界末日般嚴重，從而深陷憂鬱的泥沼。尤有甚者，他不僅會發覺難以忍受所愛之人的脾氣，也無法忍受或承認自己對他們的怒火，因為他不相信愛是持續不斷的伏流，也不期待暫時蒙上陰影或消失的愛還會回來。另外，他也格外難以脫離對母親的依賴，部分因為他會一直尋找母親無法給予的愛，部分則因為唯有對愛有穩固的信心，孩子才可以讓探索的衝動發揮作用，脫離母親獨立自主。孩子在社交場合中黏著母親、不敢跟群眾互動，看似太愛母親，其實並不放心彼此付出的愛，因此就好像哈洛實驗中的幼猴，必須一直確定母親的存在，而非滿懷自信地帶著母親的愛，勇敢去認識其他人。

長大成人後，凡是嬰幼兒時期缺乏關愛的人，常有過度依賴他人的傾向，也會展現超乎常人的同理心，尤其能憐憫跟自己一樣憂鬱或遭逢不幸的人。這種能認同弱勢的傾向，讓他們似乎比常人貼心許多，實際上往往也沒錯。憂鬱症患者通常是他人眼中的「好人」，富有同情心、願意分享感受。其實，他們並沒外表看起來那麼好，因為自我犧牲的傾向得適度才好，卻受扭曲的基督教所鼓勵，把其中一條誡命解讀為「愛鄰人更勝愛自己」。一旦認同過度，可能導致分不清自己是誰，而流於表面的同情，可能只會陷入情緒泥淖，讓兩個憂鬱的人同病相憐，但除了共同體會人生的悲苦外，卻無法給彼此更務實的意見。另外，過度擔憂對方的感受，背後其實是不成熟的求愛伎倆。若一個人認同他人到毫無異見的程度，並且同理對方每個感受，其實並不會讓對方愛上真正的自己，而是跟對方一模一樣的鏡子。這並非獨立自主、接納彼此差異的兩個人會有的愛，這是因缺乏差異性而相互取暖的假象。

憂鬱的人往往認為自己不值得被愛，這份信念會讓人的和善流於表面，因為他一方面求愛若渴，一方面又怕太顯專橫或強悍，只好把自己的性格掩藏起來、順著對方的個性，並且把這項能力當成某種情緒勒索。最後，這項伎倆只會適得其反，因為沒有人會愛上缺乏自我的人，而氾濫的同情固然一時受人喜歡，不久也會變得跟依賴同樣煩膩，畢竟同情也是種扭曲後的依賴。有此傾向的憂鬱患者，其實是複製童年早期的模式。嬰幼兒當然得完全依賴母親，若對於母親的愛有所不確定，很快就會懂得避免惹她生氣，還不得不討好她來得償所願。這些孩子對於母親的心情與感受十分敏感，而正是早期迎合母親的技巧，造就日後順應與認同他人的能力。相較之下，自信滿滿又肯定自我價值的人，通常對他人的感受不會如此敏銳，即使真的察覺後，他們也有更多餘裕可以付出。

攻擊性與憂鬱症的關係，也許可以用韋斯特[32]專書《自殺與殺人》（*Murder*

Followed by Suicide）進一步闡述。英國每三件殺人案件中，就有一件是凶手犯案後自殺。這足以佐證佛洛伊德的假說，即攻擊他人與攻擊自己的行為密切相關，某種程度上還可以互通，誠如作者所言：「在許多案件中，犯人的意圖在自殺與殺人間擺盪，清楚展現自我毀滅與攻擊傾向的密切關係。」

容易出現重度憂鬱反應的人，往往很難經營人際關係，因為他們真正渴望的是嬰兒時期母親的愛，這不可能從成年關係中取得。嬰兒時期的剝奪感帶來傷痕，在內心留下強烈的敵意，長大過程中不斷壓抑抗拒，進而塑造了他們性格的基礎。他們因需求未獲滿足而恨著自己愛的人，又深怕失去而不敢展現恨意，只好把攻擊矛頭向內，讓自己陷入折磨與絕望。無論是攻擊衝動的「正常」面向，即脫離依賴、走向獨立，或是它的不正常面向，即受挫後的仇恨反應，都硬生生

32 唐納・韋斯特（Donald J. West, 1924-）：英國精神醫學家、超心理學家。

被壓抑，但可能以殺人或自殺等暴力行為反撲。西方文明社會有「憂鬱文化」之稱，描述得十分貼切。西方國家普遍存在的憂鬱現象，理應讓我們反思養兒育女的方式，以及對於內在攻擊衝動的整體態度。在較原始的族群中，也有人飽受疾病妄想症之苦，這就很類似西方民族的憂鬱症，只是缺少了憂鬱症中自我憎恨的典型傾向。我們為自身文化付出了沉重的代價，憂鬱症發生得如此頻繁，很可能跟滿足不了孩子依賴需求有關，也跟孩子未準備好就被迫獨立有關。

參考資料

1. Carstairs, G. M., *This Island Now* (London: Hogarth Press, 1963; Harmondsworth: Penguin, p.80).
2. West, D. J., *Murder Followed by Suicide* (London: Heinemann, 1965), p. 150.

第九章

孤僻型人格的敵意防禦機制

◎ 孤僻型人格的兩難：對愛的抗拒與需求

◎ 關鍵的發展階段未被滿足的需求

◎ 紳士氣質？孤僻人格？啟動防禦機制

◎ 孤僻型人格大放異彩的藝術創造力

在討論憂鬱症時，我們作出以下結論：憂鬱症患者無法對所愛之人宣洩攻擊衝動或恨意，深怕會少了對方的關愛。儘管如此，他們保有少許被愛的想法，但覺得凡事要溫柔順服才能得其所願，因而降低了做事的效率與對人生的掌握度。另外，有鑑於他們的情感發展階段，很清楚愛與怒可能源自同一人，即使對方讓自己碰壁或脾氣不好，依然可以從他身上得到愛。他們過度擔心惹所愛之人生氣，因為這只會讓他們陷入憂鬱，卻又不完全區別關愛與憤怒。真正讓他們心神不寧的是愛被收回。他們壓抑自己的攻擊傾向，默默希望他人也會如此，因為對他們而言，只要有一方展現敵意就代表關愛的消逝。還有一群人認為，愛與被愛是難以企及的成就。雖然他們跟所有人一樣，熱切渴望著愛，卻打從心底不信任他人，面對任何親密關係，他們都會覺得危險。這些人是精神科醫師所謂的「孤僻型人格患者」（schizoid），致力於膚淺地應對人際關係，或乾脆與世隔絕、關在自己的象牙塔裡，不受愛與恨的影響，因為兩者對他們並無明顯區別。

孤僻型人格的兩難：對愛的抗拒與需求

每個人這輩子一定會遇到幾個這樣的人，他們給人冷漠、疏離又無所謂的印象。高智商的孤僻型人格患者往往會掌握權力高位，或擁有了不起的藝術科學成就。他們對於人際關係的疏離，讓他們義無反顧地從事腦力活動，好比一般人對愛的全力以赴。孤僻型人格患者經常帶著優越感，對於只圖溫暖與安適的一般人而言並不討喜。雖然孤僻型人格患者可能備受敬重，但他們鮮少有受人愛戴的特質。誠然，若要了解對愛漠然的人其實特別需要愛，就得對人心有不凡的洞察力，看穿優越冷漠的面具，體察底下藏著對愛的強烈渴望。

要真正認識孤僻型人格患者，我們必須大膽假設嬰幼兒早期的情況。雖然這番解釋必然屬於臆測，但要理解這類人的個性與處世態度，目前也僅有這個方法了。

孤僻型人格患者的特點之一，就是對於權勢有極大的渴求，內心深處則柔軟又脆弱。如前所述，這些人功成名就後，確實有可能權力在握，但不會因此少了情感的脆弱，也不會因此變得與人親近。若他們未能在現實生活中取得優勢地位，就會持續懷抱著希望，私下幻想著自己可以呼風喚雨、堅不可摧。一旦連理智都喪失，思覺失調症取代孤僻型人格，便容易出現對絕對權力、王室血統或華而不實的妄想，實際上患者已無法應付日常生活，必須在精神病院接受照護。

前面〈童年時期的攻擊性〉一章已指出，相較於其他動物，人類的童年階段拉得特別長。另外，人類嬰兒需要成人幫忙、無法自給自足的時間也久得非比尋常。按照一般發展過程，攻擊衝動的運作是為了獨立自主，確保孩子漸漸具備駕馭環境的能力、學會照顧自己。於此同時，孩子內心也會愈來愈體察到自己的競爭力，不只會慢慢脫離無助的狀態，還會實際有此感受。孤僻型人格患者的情感則無法同步，無論實際上的能力或力量變得多大，只要情感上認定某人很重要，就會覺得受制於對方。

對孤僻型人格患者而言，接納自己亟需的愛形同羞辱，或根本是危險的事。因為無論他於外在世界中有多成功，仍然非常需要他人的愛，又害怕愛被收回、內心太過依賴，導致他人付出的愛好似危及了自主與陽剛。（本章預設的孤僻型人格患者為男性，因為這個性格在男性中較為普遍。當然也有女性具備孤僻型人格，但女性的情感通常相對較不疏離，因此不會受此疾患的影響，但也許能說明為何女性的知識與藝術成就不如男性。）因此，他面臨了進退兩難的局面。否認對愛的需求等於隔離了自己，很可能會深感無用；接納了愛卻又得依賴他人，這毋寧是莫大的羞辱，面對付出愛的那方，內心充滿了可鄙的無力感。

關鍵的發展階段未被滿足的需求

我們無法直接進入嬰兒的感情世界，但不難看出嬰兒處境的難堪。什麼會比事事任人擺布、生活毫無自主權來得更加恥辱呢？嬰兒無法餵飽自己、無法四處移動、無法控制自己的大小便、無法保護自己免於受傷，無論是健康、快樂和舒適都完全掌握在照顧的人手中。在前文中，我們提到嬰兒三不五時的挫敗感、依賴與攻擊性的相互關係、母親的善良與邪惡意象，普遍存在於每個文化之中，並以慈祥的祖母與大野狼、聖母瑪利亞與巫婆為例。若母親的邪惡面勝過善良面，孩子長大成人後可能無法信任他人的愛，永遠懼怕那些表面上愛自己的人，可能會忽然痛恨自己、甚至可能消滅自己。

孤僻型人格患者的這股焦慮會帶到成年時期，因為我們可以合理推論，他們對愛的依賴需求，未在關鍵的發展階段獲得滿足，才會認為自己索求愛的對象不僅強勢（這點跟憂鬱症患者相同），還可能帶來傷害或展現惡意。同樣跟憂鬱症患者類似的是，他們由於情感上的剝奪感，內心潛藏著強烈的敵意，只是並不發洩在自己身上，而是把拿對方來開刀。一旦關愛自己的人出現攻擊性（前文已論述，這在所難免），他們就會撐起冷淡疏離的保護傘，除了因為害怕對方傷害自己，也因為畏懼自己強烈敵意導致的後果。憂鬱症患者之所以擔心愛被收回，是因為這危及個人的幸福，而孤僻型人格患者之所以害怕，則是因為這危及了自我存在。

孤僻型人格患者早在童年初期，就普遍採取此防衛姿態，以抵抗外來的敵意。他們對於自己不具被愛特質的信念，甚至比憂鬱患者還來得深，往往極度離群索居，導致未體驗過探索與愛的溫暖交流，這是童年成長不可或缺的環節。其實，他們往往還只是孩子，成長過程中的種種剝奪，使得情感發展未臻成熟。

前文已提到，孤僻型人格患者不只害怕他人的敵意，也恐懼自己的惡意。這份惡意可能被強壓下來故難以察覺，但其實強烈無比。他人收回了愛，或是競逐中失利，都會帶來滿滿的憤恨，平時隱匿於冷漠的面具下，但容易在表露諷刺鄙視時迂迴出現。孤僻型人格患者格外在意他人的批評，因為這似乎威脅到他們的優越感。每個人多少都討厭聽到批評，但憂鬱患者或「正常」人可以接納來自所愛之人的批評，只要內容合理，就願意好好聆聽意見，採取積極的態度；孤僻型人格患者則會覺得遭到羞辱和攻擊。對他們而言，丟臉是最嚴重的汙點——依賴、失敗，或甚至受而不施都會讓他們備感恥辱。孤僻型人格患者收禮時，很難不會覺得自己矮人一截，因此才會經常有忘恩負義的形象。

《追尋科爾沃》（*The Quest for Corvo*）這本傳記鮮明地描繪了這樣的性格。傳記主角弗雷德里克・羅爾夫[33]展現了本章至今討論的孤僻型人格一切特徵，而

33 弗雷德里克・羅爾夫（Frederick Rolfe, 1860-1913）：英國作家，人稱「科爾沃男爵」。

且全都十分極端。《哈德良七世》（*Hadrian the Seventh*）是羅爾夫筆下最暢銷的一本書，是他如願成為教宗的空想作品。但面對他人的幫助或關愛，他都會羞恥不已。他在寫給出版商與友人的信件中，字裡行間充滿了怨懟與輕蔑。一旦孤僻型人格患者接受他人的好意，便會危及自身的疏離與優越感。他們明明亟需填補內心空洞，卻假裝毫無所求、憎恨得到的幫助。

當然，唯有情感或經濟的支柱才有能力傷害他們，或讓他們覺得備受羞辱，其他人大都無關緊要。佛洛伊德在一封信中也坦承，一般人在這些人眼中與垃圾無異。

紳士氣質？孤僻人格？啟動防禦機制

至於症狀比弗雷德里克．羅爾夫輕微的患者，待人接物有禮、在乎他人感受的特質，也會讓其他人相敬如賓。孤僻型人格患者特別喜歡戴上的面具，就是拘謹的英國紳士形象。行禮如儀、克制自己、在乎他人、獨立自主都是令人欽佩的特質或行為模式。然而，每項特質都可以是避免深度動情的手段，因為良好禮儀無關乎愛恨，自制力可以抑制性關係，獨立自主是否認對愛的需求，在乎他人感受也只是避免挑起衝突。

孤僻型人格患者格外難以處理攻擊衝動，因為在他們身上，界定自我、展現獨立的正向衝動，混雜著對過去遭冷落的憎恨，因此在宣洩攻擊衝動時，勢必同時會展現殘暴的一面。無論他人的反駁或批評有多輕微，只要被解讀成對個人的侮辱，可能就只剩敬而遠之或狠下殺手一途。

如前所述，只要推持著應有的防禦機制，孤僻型人格患者可功成名就。某些身處亂世卻擁有真知灼見的領袖，便是屬於這個類型，因認清自己的欲望與理念而獲得權力。一個國家戰敗或受辱後，都會團結支持一位領袖，他往往象徵了祖國的精神，帶領民眾重拾過去的榮光。當代代表人物之一就是法國的戴高樂將軍。他早年便幻想成為像聖女貞德般的民族救星，對於經營人際關係興趣缺缺，又是出了名地易怒難搞，公開與法國站在同一陣線，爭取自己與國家的「榮耀」。將軍晚年心智健全，但不無可能的是，高齡與腦動脈硬化造成的傷害，難保不會損及他的防禦機制，進而產生多疑的念頭與行為。這位優秀的領袖可能像史達林一樣，變成祖國與世界的威脅，換成傳統政治領袖便不太可能。史有明鑑，人類把權力賦予有遠見的人之前需要三思，還是交給精明務實的多數政治人物較為安全。

孤僻型人格大放異彩的藝術創造力

孤僻型人格帶來最多收穫的當屬創造力相關領域。確實如此，世界上許多偉大的藝術、哲學和科學成就，都源自於阻絕個人情感。卡爾・史登[34]在《遠離女性》（*The Flight from Woman*）一書中說明，笛卡兒和叔本華等哲學家正是因為與愛切割，才催生了各自的哲學思潮。哲學家所需要的抽離與客觀，以及建立理想世界以彌補現實缺憾的需求，都是奠基於母愛的缺乏。藉由建構出秩序與和諧主導的宇宙，便可以壓抑紊亂的負面情感，堅信創造的力量能克服內心的軟弱，而這股力量源於文字創作，而非人際關係。舉例來說，貝多芬就具備許多孤僻型人格特質。他平時既陰沉又多疑，從未與任何女性長期穩定地交往，而失聰更將他與外界隔離、不相信所有人，但這個障礙僅僅凸顯了原本的特質。他清楚展現了高人一等的自信，即典型的孤僻型人格，成為麥可・漢寶格（Michael Hamburger）口中「首位得到天才頭銜的作曲家」。在私交方面，他敏感到連最

---

34 卡爾・史登（Karl Stern, 1906-1975）：德國著名精神科醫師。

親近的友人都常吃閉門羹，只因為他自以為遭到對方冷落；至於他與工作夥伴的關係，幾乎不亞於弗雷德里克．羅爾夫，也是三天兩頭就發生衝突。相較於他對人類的失望與憎恨，貝多芬心目中的理想世界充滿了愛與友誼，無怪乎他最後一部交響曲是以詩人席勒的《歡樂頌》作結，歌頌著友愛情懷。他的音樂在力量上所展現的強烈攻擊性，說不定超越其他作曲家。不難想像的是，假使他未能把敵意昇華成音樂，可能就會罹患妄想型精神病，畢竟不少失聰的人普遍有此疾患。他自己也說過：「所謂的人生理應要犧牲來昇華藝術，是為藝術的聖禮。」這般犧牲居然真的達成目的，堪稱人生在世的卓越成就。

孤僻型人格發展到極致的人，即使不是創意獨具的天才，也跟一般人明顯不一樣。但重點在於，孤僻型人格潛藏在所有人的內心之中，我們不時也會出現這類患者的慣性行為，運用同一套機制抵抗不良的情緒，因為人類多少會在意他人的輕視或羞辱。我們內心必定都有兒時無助、遭冷落的記憶。有時，我們對於所愛之人太不客氣，只好採取疏離對方的手段。假如人類無法昇華惡意，或以象徵手法加以宣洩，恐怕會比現在更為暴力。

下一章要探討的是，若所有的防禦機制失靈，或情感發展未成熟到一定階段，無法運用前述方法排解仇恨，內心的惡意何去何從。

參考資料

1. Symons, A. J. A., *The Quest for Corvo* (London: Cassell, 1955; Harmondsworth: Penguin).
2. Rolfe, Fredetick, *Hadrian the Seventh* (London: Chatto & Windus, 1954; Harmondsworth: Penquin).
3. Stern, Karl, *The Flight from Woman* (London: Allen & Unwin, 1966).
4. Hamburger, Michael, *Beethoven: Letters, Journal and Conversations* (London: Jonathan Cape, 1966), p.3.
5. Hamburger, Michael, ibid., p.135.

第十章
妄想型敵意

◎ 迫害弱者的人類歷史

◎ 攻擊性不等於憎恨

◎ 投射能力

◎ 鮮少取得權力高位

◎ 賤民、部落民、猶太人：世界各地的妄想型投射對象

◎ 想像他人痛苦的能力

本章將說明人類從事殘忍行徑的特有能力。

我們略為檢視其他物種的攻擊行為時，即使是彼此獵食的動物，也不會以殘酷施虐為樂。貓在逗弄老鼠後突然殺之，其實只是在練習捕獵技巧，凡是小型移動的物體都是目標，很難想像貓會執著於殺死老鼠、以牠的恐懼為樂。但心懷仇恨的人類，卻很愛拉長受害者的痛苦，還絞盡腦汁設計各種酷刑，盡量施加折磨、不給對方痛快。捕食者與獵物的關係無法稱作真正的施虐，就目前所知，唯有人類會以他人的痛苦為樂。

迫害弱者的人類歷史

另外我們也已發覺，動物在攻擊同類時，通常在證明力量的優勢便會滿足，不再繼續打殘或重傷對手。除了過度擁擠或食物短缺等特殊情況，否則種內競爭大多屬於測試實力的儀式。輸家可以撤退，不會被窮追猛打；勝者心滿意足，不僅證明了自己的地位，也展現保衛家園的實力。但人類不滿足於讓敵人逃跑，很可能會繼續施加羞辱或折磨，讓戰敗的敵人生不如死。動物的殘忍經常是迷思，但人類的殘忍是血淋淋的事實。

確實，對人類而言，軟弱或戰敗似乎會增加惡意。在第四章中，我們討論到動物的求和姿態，即戰敗的動物承認對手勝利的方式，通常是朝對手露出身體最脆弱的部分，或收回爪子等威嚇用武器。人類也有求和姿態，但說也奇怪（也很悲哀），這些姿態往往不具任何效果。戰敗的敵人再怎麼鞠躬哈腰、笑臉求饒，都無法平息征服保加利亞的巴西爾二世（Basil the Second）之怒火，根據吉朋所述：

> 面對一萬五千名因保衛國家而入罪的戰俘，他採取了殘暴冷血的報復行徑，所有俘虜全都被戳瞎，但百分之一的俘虜得以留下單眼，讓他能在他們

的國王面前發號施令。

迫害弱者並非野蠻君王的特權。諸如大不列顛等先進國家，居然需要成立國家級的虐童防治協會，堪稱是人類社會最匪夷所思的特點。雖然其他動物可能也會責罰幼兒或限制其行動，在特定情況下甚至還會把牠們吃下肚，但很難想像會有動物故意把親生骨肉打死。但人類對兒女施予駭人暴行的事件卻時有所聞。光是某一年內，英國虐童防治協會經手的受虐兒就有十一萬四千六百四十一人。雖然該協會盡量避免對父母採取法律行動，仍有三萬九千兩百二十三個家暴案需要父母出庭。

據此，我們很難不做出以下結論：人類面對敗者展現的脆弱，可能會克制內心的憎恨，但也可能適得其反。說不定，身為人類最糟糕的特質就是容易恃強凌弱。

攻擊性不等於憎恨

前一段使用「憎恨」而非「攻擊性」，其實是刻意為之。行文至此，本書一再強調攻擊衝動的正面功能，因為這是當代心理學常常忽略的一環。但攻擊性與恨意之間的關係已在前面數章略微提及，包括兩性關係中的攻擊性、憂鬱症、孤僻型人格防禦機制都有討論。攻擊衝動一旦摻雜報復，就會轉化為仇恨，而勝利的一方迫害手下敗將或恃強凌弱的傾向，唯一可能的解釋就是要洗刷過去的羞辱。

正是未能區分攻擊性與恨意，才導致自由人文學者天真地把攻擊性貼上負面標籤，也讓他們荒謬地以為，只要人類不受到挫折，就不會產生絲毫攻擊衝動。

當然，挫折明顯會增加攻擊衝動，但即使是挫折本身，依然有正面功能。每當我們想駕馭環境或滿足需求的衝動受阻，就會心生憤怒，進而提升克服難關的能力。我們若遇到樹木擋路，一股憤怒會油然而生，讓身體呈現最佳狀態、肌肉發揮最大力氣，否則平心靜氣是搬不動的。女人抵抗男人性侵時，通常會讓男人更為凶悍與霸道，進而讓他能壓制住女人，一逞其私慾。但我們對攻擊性正面效益的研究已充分顯示，攻擊衝動都是受挫反應的這項假說不可能成立。然而，我們轉而探討仇恨時，不論是過去或現在的挫折，都有著舉足輕重的影響力。

在日常生活中，只要稍加留意，便不難察覺攻擊衝動轉為仇恨的時刻。我們都有自己的對手，也需要對手的存在。即使是家人之間，也必定會不斷爭取主導地位。有時我們遂行意志，有時是我們的對手得逞，而這樣的一來一往，我們也習以為常。然而，父母有時難免對孩子犯錯的懲罰過於嚴厲，後來才有點羞愧地驚覺拿孩子「出氣」，可能是肇因於孩子過去的惡行惡狀，或根本與孩子無關的個人挫折。正是拿他人「出氣」的瞬間，攻擊衝動容易變成仇恨。確實，「拿人出氣」這句話隱含的意思，就是那人本身有「氣」——也許是長期易怒——才會產生不適合實際情況的憤怒反應。挑這個無關緊要的日常例子，試圖說明攻擊性與仇恨的關係，也許看起來有些荒謬。許多父母即使承認偶爾會「拿孩子出氣」，也很可能會否認自己恨過孩子。儘管如此，這仍描繪了人性的兩項事實，有助說明為何人類跟其他動物不同，可能殘忍地對待輸家與弱者。

第一項事實就是，人類傾向以過去經驗為依歸，決定對當前情境的反應。動物也會如此，否則幾乎無法從過去汲取教訓。但人類的記憶力發展得很成熟，除了比其他動物長了許多的嬰幼兒時期，大腦的尺寸與複雜度也更大。雖然精神分析師挖掘出的早期記憶有待商榷，我們確實受到那段時期的經驗所影響。人類學家瓦許本教授就在最近的研討會上表示：

> 我們如今可以肯定地說，人生頭兩年的早期經歷至關重要，無論是恆河幼猴或人類幼兒皆然。但並非世界各地都普遍看重此一階段，嬰幼兒受到的照顧往往過於隨便。

我們發洩在他人身上的「氣」，也許是白天工作不順利後的受挫憤怒，或是較不容易清除的情緒，像是源自兒時處處都要人幫忙的羞辱和失落。我們常把嬰兒視為反應熱烈、笑咪咪的快樂兒童，容易忘記他們的難過與憤怒。在前一章中，我們看到孤僻型人格患者由於童年環境不佳，長大後仍帶著強烈的敵意，於是藉由從情感互動中抽離，避免自己展現種種負面情緒。而把所有人貼上孤僻型人格的標籤，等於誤用這個實用的詞彙。但無庸置疑的是，由於嬰幼兒的依賴時期拉長了，從而容易感到羞辱或冷落，我們的內在多少都有仇恨的衝動，即「正常」攻擊性缺乏的報復心理。

投射能力

人類的成長與發展趨勢，其實不同於其他動物。人類嬰兒出生時格外無助，畢生依賴母親時間的比例高於其他靈長類動物。但除此之外，幼兒的成長與發展速度在約五歲前很快，之後會放慢下來，直到接近青春期又會加速。至今，心理學家的研究重心是嬰兒與母親的早期關係，這個方向當然沒錯，但成長趨緩的時期，即佛洛伊德所謂的「潛伏期」，其實也極為重要。人類許多特質既跟嬰兒階段的長時間依賴有關，也跟漫長的童年有關，其中一項就是殘忍的傾向，但並非所有特質都如此引人反感。抽象思維的發展、象徵的運用、創造力、驚人的適應力與彈性等等，都是人類較晚成熟的結果。

我們不同於其他動物的第二項特點，就是投射的能力。所謂投射作用，係指把源於自身的情緒、想法或態度歸諸於他人。幾乎任何特質都能投射到他人身上。戀愛中的人習慣於把理想中的異性樣貌，投射在彼此身上；政治領袖經常會被人誤認為具有權威的智慧；分析專家普遍被認為是善解人意的父母；牧師則被認為是超越肉體慾望的精神個體。不過，在此我們主要關心的是所謂的妄想型投射，換句話說，便是假定他人具有強烈的敵意。

這個現象最常伴隨著「妄想型思覺失調症」（paranoid schizophrenia）。如同孤僻型人格患者，這些患者無法藉由抽離來應付自身的敵意，反而把敵意歸諸於他人，認為自己受到無理的迫害。在部分病例中，患者腦海中的加害者是個小團體：共濟會、猶太人、黑人或自己的家人；部分患者則覺得全世界與自己為敵，只要外出上街就覺得有人在說他壞話、路人輕視他，陌生人也對他充滿了惡意的目光。

妄想型思覺失調症經常會脫胎自幻想或夢境，認為全世界要毀滅了。這個假象除了反映患者覺得自己遭世界遺棄、而對世界抱持的強烈敵意，其實也呈現了部分的真實，畢竟患者的主觀世界確實分崩離析。種種華而不實的幻想，通常是設法要維護自尊。要成為眾人關注的對象，無論是好是壞，背後意涵是必須成為舉足輕重的人。妄想型思覺失調症患者覺得，自己無力抵抗他人的邪惡意圖，尤是他們想像中的加害者通常擁有心電感應、催眠或超自然的能力。同時，他們卻又自視甚高。這項弔詭反映出嬰兒最早的狀態，即使凡事無助、需要依賴，卻也是家庭的重心，種種任性的需求擺在第一。

鮮少取得權力高位

許多思覺失調症患者在精神錯亂前，就建立了異常安靜又不愛社交的形象，缺乏一般人應有的積極。因為在他們身上，追求自主的衝動在很早的發展階段就受到阻礙，結果是所有的攻擊能量，幾乎全轉為對外在世界的仇恨，宣洩童年以來遭受的挫敗。

所幸，妄想型思覺失調症患者鮮少取得權力高位，因為他們動輒察覺莫須有的敵意，加上時刻有報復的欲望，可說是潛在的危險人物。部分殺人案的凶手其實是妄想型思覺失調症患者，但多數人只能在幻想中展現個人惡意。但正如先前所述，孤僻型人格確實有可能轉化為妄想型思覺失調症；而孤僻型人格患者雖然不快樂，卻往往有所成就。

雖然在精神錯亂的人身上，妄想型投射作用最為明顯，但不幸的是其他人也可能有此症狀。我們必須假設，全人類都有潛在的妄想潛能。前文討論憂鬱症時指出，我們社會中多數人都曉得憂鬱的感受，但在幾乎所有案例中，無論是輕度或重度憂鬱，都屬於暫時的狀態，多數人可以康復。妄想型投射傾向固然深藏於「正常人」心中，遠非斷斷續續出現，甚至比憂鬱傾向更加無所不在。

舉例來說，在原始文化中，身體病痛鮮少會被歸諸於體內失調，患者往往認為自己遭到毒害或下咒，堅信是他人蓄意傷害。如前所述，原始社會鮮少出現憂鬱症，但急性精神病卻比西方文化更為普遍，不僅有明顯的妄想型投射作用，殺人也很常見。

賤民、部落民、猶太人：世界各地的妄想型投射對象

另一個明顯的現象是，許多文化都會有一些子群體，當作整個社會的妄想型投射對象，這些群體往往遭到敵視與輕蔑，例如印度的賤民和日本的部落民，在當地都被視為汙穢不堪、可能危害社會。的確，這些群體並非一般人眼中有權有勢的階級，但他們與穢物的關係密不可分，往往被視為涉及超自然力量；社會如此小心翼翼地隔離這些人，凸顯了對於他們能散播汙染的恐懼。

若我們想想更為人熟知的偏狹例子，不難發現一項弔詭：許多被當成代罪羔羊的弱勢族群固然在現實中屬於弱勢，卻可能被塑造成具有強大的影響力。在納粹統治的德國，猶太人不只被視為可憎的賤民，社會大眾也普遍相信，猶太人正密謀推翻現有體制、設法取得至高無上的權力。諾曼·科恩在《大屠殺的理由》（*Warrant for Genocide*）一書中，充分顯示許多人對於猶太人相關的荒謬謠言信

以為真；另外，納粹屠殺猶太人固然是無與倫比的人類相殘案例，但社會大眾不假思索，便把萬惡加害者的形象，投射至無辜少數族群身上，其實是一再重演的歷史。

猶太人不只被人認為貪婪成性、覬覦世界權力，還遭抹黑會虐殺幼童、毒害他人；這些歷史上不斷出現的誹謗，正是心理學界有興趣研究的主題，因為思覺失調症患者經常指控父母企圖殺死或毒害他們。在納粹統治的德國，這些指控的荒謬，就如同美化所謂的「亞利安」種族一樣可笑。把人類區分為理想中的優越與卑劣，明顯具有孤僻型人格的傾向。

也許有人會以為，他們抓到自己塑造邪惡形象的那些人後，就會揚棄內心的假象，發覺想像中的加害者不比自己強大或低劣。然而，從中古世紀女巫審判和猶太人集中營的情況看來，實情絕非如此。無數男女老少遭受駭人聽聞的暴行，在在見證了征服者以虐待戰敗者為樂，即使後者毫無抵抗能力也一樣。正是此刻，人類會展現不同於其他動物的第三項特點。

想像他人痛苦的能力

我們已提到，貓無法體會老鼠的感受，因此不會虐待自己逗弄的老鼠，畢竟牠無法想像老鼠的痛苦。然而，人類具有同理與投射的能力，可以體會他人的痛苦，想像對方感受的磨難。人類行善與利他的能力，便是基於對傷者與弱者的共鳴，因為除非能同理奴隸或受虐兒的處境，否則沒人會在意要解放奴隸或禁止童工。但也是基於同樣的能力，人類得以從事殘忍的行為；明明已證明了自己的優越，卻還想要虐待、羞辱敵人，顯然與想像對方痛苦的能力息息相關。

無庸置疑的是，我們內心想對加害者做的事，反映了我們相信或害怕對方會有的行為。凡是讀過奧斯威辛集中營或貝爾森集中營慘況的人，幾乎都會假想對施暴者以牙還牙。抱持人道精神、思想開明的人，理智上明白這樣的報復行為毫無意義，沒必要透過嚴峻懲罰來增加人類的野蠻行徑。但即使心腸再怎麼軟，通常愈是慈悲為懷，愈容易在讀到暴行的描述時，對於加害者產生恨意，從而希望他們承受相同的懲罰。

我們在嬰兒時期多少有無助、挫折和屈辱的經驗，因此可以了解戰敗敵人的感受，甚至希望對方體驗更多痛苦與難堪。人類對於手下敗將的殘忍對待，只能用報復與仇恨來理解。代罪之羊同時象徵了力量與脆弱，我們將力量投射於對方身上，卻對脆弱產生認同感。因此，勝者與敗者因對彼此的仇視而有所連結，這遠遠超越了其他動物對主導地位的爭奪。人類從事殘酷行徑的潛能，也是童年依賴時期拉長得付出的代價。

確實，若說一般人內心潛藏妄想、偏好野蠻暴行，似乎語帶冒犯又不可思議。但不乏相關證據。在某些所謂的文明社會中，公開處決依然會引起群眾熱鬧圍觀，還有母親帶著孩子一探究竟。不久前，在我們自己的國家，叛國賊還會被迫遊街示眾並公開去勢，最後才由劊子手送他們上路。一般人無法施予暴行的想法大錯特錯。我們也許會認為德國集中營的守衛都不正常，但其實多數不過都是普通人，只是藉由日常訓練與仿效，養大了對施虐的胃口，變得習慣每日恣意折磨、羞辱囚犯。我們不用佯裝自己絕不會有想施虐的感受。當然，確實有些了不起的人物，甘願冒著生命危險也要拒絕參與暴行，譬如在集中營的某些醫生便拒絕上級的要求，堅持不進行慘無人道的實驗手術。但人類殘忍行徑的歷史悠久，酷刑的習俗無所不在，實在無法相信僅有少數變態會樂於施虐。確實，凡是琢磨人類相殘細節的作家，都容易被人批評為嘩眾取寵，而非真的要增進讀者的理解，足以顯示社會普遍對此主題深感興趣。我們得正視人類對殘忍行徑的偏好，其實是源自本身的生物特性，一如人類的抽象思考、語言與創造等能力。

參考資料

1. Gibbon, Edward (1898)。《羅馬帝國衰亡史》。席代岳。台北。聯經出版公司。
2. Laski, Marghanita, 'The Hostile World', from *The World of Children* (London: Paul Hamlyn, 1966), p. 203.
3. Washburn, S. L., 'Conflict in Primate Society' in *Conflict in Society* (London: Ciba Foundation, J. & A. Churchill, 1966), p.57.
4. Comfort, Alex, *Nature and Human Nature* (London: Weidenfeld & Nicolson, 1966; Harmondsworth: Penguin, p. 17).
5. Cohn, Norman, *Warrant for Genocide* (London: Eyre & Spottiswoode, 1967; Harmondsworth: Penguin).

第十一章

病態人格敵意

◎ 對惡性病態人格的研究

◎ 活在「唯我獨尊」的世界

◎ 從暴行中獲得快感

憂鬱的人會把敵意導向自己；孤僻的人拒絕與人來往，以避免展露內心的愛恨；妄想的人進一步否定自身敵意，將其怪罪於他人。無論是哪類人，這些防禦機制有時會不管用，讓當事人自制力喪失，導致有違其平時性格的暴行。

本章試圖說明另一群人。他們具備特定的妄想特質，同時缺乏控制當下衝動的能力。這群人通常稱作「病態人格患者」（psychopath），從小到大對外界的敵意也格外強烈。然而，病態人格比憂鬱症、孤僻型人格或妄想型思覺失調症更加危險，因為他們極容易「表現出」內心的敵意，因此是許多暴力犯罪的凶手。

對惡性病態人格的研究

過去數十年來，「病態人格患者」一詞應用於各式各樣行為脫軌的個人，導致這項診斷類別比其他精神疾患標籤更容易遭受批評。儘管如此，此一用詞仍普遍為社會所接受，並且正式納入英國法律（一九五九年心理衛生法），但當時許多精神科醫師表示反對，主張其中隱含的概念並不精確。在此，我們不考慮創造力人格特質、性偏差或慣性情感匱乏，儘管這些都曾被歸類於病態人格。我們只考慮所謂的「惡性病態人格」，相較於病態人格底下的其他異常人格，這個類別比較容易界定。

近期研究揭露了病態人格的兩大真相。在部分案例中，精神病理與生理因素都會產生影響。約四分之一至半數的惡性病態人格患者，大腦電波出現異常，這可以經由腦電波儀加以偵側與記錄。較小比例的患者則是基因出現異常。研究人員在檢視了蘭普敦（Rampton）與莫斯塞德（Moss Side）醫院的暴力罪犯後發現，性荷爾蒙異常的比例略高於百分之二。而基因異常又分為幾類，有的讓人長得出奇地高，有的則讓人擁有陰柔特質。基因異常與精神缺陷也有些關聯。

我們仍需要大量研究，才能確定病態人格的生理與心理類別。許多患者都有平均以上的智力，大部分都沒明顯的身體異常。雖然多數病態人格源自嚴重缺乏關愛的家庭背景，這層關聯也不是絕對。但可以確定的是，人口中有少數比例控制衝動的能力低於平均，他們飽受先天與後天缺陷之苦。

近來刑事學研究有值得探討的發現，犯下暴力犯罪、性犯罪和危險駕駛違規等案件的人往往屬於同一類型。一般認為，犯人的罪行僅限一種。但凡是有前科的性侵犯，曾犯下其他罪行的機率更高。嚴重交通違規的駕駛，已有其他犯罪前科的比例將近三分之一。另外，大約百分之八十的初犯不會再次鋃鐺入獄，顯然有高比例的犯罪是少數人所為。

惡性病態人格患者從早年就出現異常行為，無論是對身邊親友或社會整體皆然。這類人格患者最明顯的特點，當屬絲毫不在意他人的感受。他們不但本我中心、自私又衝動，行事往往看當下的心情，無視他人的需求或權利，因此經常嚴重缺乏遠見。他們被當下衝動所主宰，若有人妨礙其滿足立即的需求，可能就會吃上苦頭。長大以後，這些人通常會成為罪犯，為達個人目的會不惜使用暴力，即使遭到逮捕也幾乎沒有悔意，不像多數人會感到極度的愧疚。

許多病態人格患者除了有暴力行為，還幾乎完全罔顧事實，為了達成目的任何謊都能撒，或莫名說出沒必要又愚蠢的謊言。說謊的習性部分是因為無法與他人建立關係，導致缺乏說實話的責任義務，部分則是因為無法分辨真假或虛實。

病態人格通常從童年開始就有跡象，但往往不會引人注意，因為小孩本來就很自我中心。我們很希望研發出一套方法，從小就檢測出病態人格，就可以預防許多重大犯罪案發生，孩子也可以接受妥當的治療與照顧。舉例來說，一九四六年因兩起虐殺案被處以絞刑的奈維爾．希斯（Neville Heath），童年初期就有病態人格的徵兆，但這並未成為呈堂證供。八歲時，他痛毆一名小女孩被發現，還因此被勒令退學。他對動物也出了名地殘忍，偷竊與說謊成性，還特別愛自吹自擂。這些人格特質在青春期前就已根深柢固。對於希斯這樣的人，我們常常袖手旁觀，未能防範於未然，反映了當前社會的可悲。

當然，許多孩子都有上述失序的行為，卻不具有病態人格。但大部分的孩子不會同時展現這些特質，就算出現反社會行為，頻率也並不高。另外，年輕的病態人格患者對懲罰沒有反應，不然就是反應跟師長預料的相反，不但沒有改善自身行為，反而還變本加厲，很快就被視為無可救藥。

病態人格患者並非精神錯亂，即通常不會出現幻覺、妄念等脫離現實的狀況。但他們容易把自己的想像與現實混為一談，程度大幅超越天馬行空的小孩。我們先前提及妄想型思覺失調症患者有華而不實的想法，以維護或拯救自己脆弱的自尊心。病態人格患者會耽溺於類似的自我感覺良好，但跟瘋子不同的是，往往能成功說服他人接受他們的真相。病態人格患者經常犯下詐欺罪，可能運用假身分騙人錢財，編出極具說服力又鉅細靡遺的故事，描述著過去亮眼的成績，以及當前只是財務暫時困窘，讓慷慨的人勉予相助、好騙的人掏出腰包。病態人格患者如此有說服力的一項原因，便是他們某程度上相信自己編的故事。他們不確定自己的身分，又不受同輩的人看重，只好替自己的造假身分編織各式各樣的細節，結果好比愛上自己作品的小說家，相信創造出來的人物至少跟鏡像同樣「真實」。奈維爾．希斯在一九三七年因為「冒充達德利勳爵」被判刑，一九四五年因為違法配戴軍徽被告上軍事法庭，一九四六年因為身穿中校制服及「偶爾穿少校」的制服被罰款。我記得去到監獄訪談過一位身分詐欺的慣犯，當時他已大約七十歲了，很難判斷他究竟有多相信自己捏造的人生經歷。他確實成功說服他人幫他兌換支票，還騙他們說自己是《每日快報》的知名專欄作家。雖然他精神錯亂狀態並不明顯，但的確有些深信不疑的妄想。簡單來說，這位犯人充分體現了當前精神疾病分類的不足，以及刻意佯裝與精神病妄念，有時僅有一線之隔。

活在「唯我獨尊」的世界

病態人格與思覺失調症有項共通的特質：活在一個唯我獨尊的世界。換句話說，人事物本身的價值，取決於對當事者的影響。大部分的病態人格患者的情感發展階段，尚不能體會何謂憂鬱。他們的攻擊衝動與仇恨全都向外，即使受到壓抑也不會把矛頭指向自己。這項事實說明了為何他們不會罹患憂鬱症，也不會有任何自責或愧疚。正如同妄想症的人，他們把錯都怪罪給他人，但不同於典型妄想型思覺失調症患者的是，他們並不相信面對強大加害者的攻擊時，自己只有無助挨打的份。

由此可見，目前我們探討的其他人格類型中，往往是恐懼在壓抑敵意的展現，同時催生繁複的精神病理防禦機制。令人擔憂的是，病態人格患者不怕自己或他人的敵意，對於危險不屑一顧，無論是他人的威脅，或引發一般人焦慮的情況皆然。戰爭時，有些英勇的飛行員其實有病態人格，其異於常人的特質有助取得戰功，但他們的冷酷與自制不足，卻在承平時期難以見容於社會。這些人展現一副無所不能的樣子，危難當前也不害怕。他們的勇猛虛有其表，因為是基於對危險缺乏認知，並非可靠地因應真正的逆境。

病態人格行為的成因，部分在於情感關係發展的匱乏。如前所述，無論基因或身體缺陷扮演了何種角色，已確定有高比例的病態人格患者來自缺乏關愛的家庭。一般人未察覺的是，我們之所以較為善待自己的同伴，是因為看重他們的愛與肯定。我們生來貪心又無情，但除了身處性命攸關的逆境、可能會重拾不擇手段的行為，我們通常都受限於不被認同的恐懼，以及能否對利益衝突的他人產生共鳴。

誠然，害怕懲罰的心理對一般人有嚇阻作用，才不至於手癢偷竊或對礙事的人施加暴力。但英國刑法沿革也充分顯示，刑度高低與嚇阻效果的相關性不大。

獄政改革人士向來很難說服保守人士接受此點。因此，一八一四年，山繆・羅米利爵士（Sir Samuel Romilly）設法說服國會廢除「掛拉分[35]」刑罰未果，因為許多國會成員認為叛國罪比例便會立刻上升，畢竟當時犯下叛國罪便是以該極刑論處。首次有人提議將絞刑從偷竊刑罰中廢除時，也有人表達了類似的恐懼。然而，就我們對人性的了解，只要相對輕度的刑罰，就足以嚇阻一般人犯罪，但任何野蠻的酷刑都無法嚇阻病態人格患者。的確，若刑罰愈為殘忍，通常徒增仇恨與暴力，不具嚇阻的作用。第五章引述了一位暴力犯的自傳《信念的勇氣》，以下是他對於身體刑罰的看法：

---

35 Hanging, Drawing & Quartering：源自中世紀英國的酷刑，「掛拉分」指絞刑、剖腹和五馬分屍三個階段。

我現在這副德性，理應能證明肉刑沒用了，只會導致怨恨與暴力等反應。我讀到伯恩茅斯（Bournemouth）有群保守黨女人呼籲恢復使用九尾鞭[36]。就算從你們所謂的經濟效益角度出發，我自己與所有認識的人都寧願接受鞭刑，也不要服漫長的徒刑。反正頂多痛個三天，除了內心的創傷之外，身體傷疤很快就會癒合了。你感受到的是憤怒與憎惡，最重要的是決心報仇雪恥。至於有嚇阻作用嗎？我從來就沒有這個念頭。

撇開人道考量不談，即使是再嚴重的罪行，嚴刑峻法也不具意義。相對正常的一般人之所以會被刑罰所嚇阻，並不是因為刑罰本身多令人害怕，而是因為遭到懲罰意味著失去社會的肯定與個人的地位。這在孩子身上最常見到，只要依賴父母的愛與肯定，即使受到輕微的懲罰，都會感到萬分沮喪，因為等於失去了最重要的支持。換句話說，不能將懲罰的效果單純視為對負面刺激的反應，而是要考量受罰者與處罰者的境遇與個人關係，才可以真正理解。

病態人格患者對於懲罰沒有反應，也不太可能受到嚇阻，部分是因為他們行事衝動、缺乏先見之明，但主要的原因是無法跟人發展愛的關係。如同荻河磨坊主（Miller of Dee）這首歌，病態人格患者藉由行為昭告天下：「我誰都不在乎，我不在乎，因為沒人在乎我。」由於他不相信有人真的重視自己，因此即使反社會、說謊成性也沒關係。對於不知肯定為何物的人而言，喪失社會的肯定根本無關痛癢。

另外，病態人格患者缺乏對他人感同身受的能力，即產生親暱依賴的相關因子，代表容易不把人類當人看。對這類患者而言，其他人不是滿足自我欲望的絆腳石，就是幫助自己獲得愉悅的媒介，既沒有建立人際關係的想法，也不認為他

---

36 英國過去鞭刑所用的刑具。

人可以跟自己平起平坐。

從暴行中獲得快感

因此，病態人格患者對待他人的方式，類似大部分人處置昆蟲的方式。他們往往像不懂事的小孩般對他人施加暴力，而非屬前一章探討的報復行為，畢竟結論也提到，報復行為部分取決於同理受害者的能力。病態人格患者不像妄想型思覺失調症患者，會挑選特定個人或團體來展露自身的惡意，但由於他們內心充滿對所有人的憎恨，很容易就懂得從暴行中獲得快感。納粹集中營那些施虐的守衛中，有些人很可能具有病態人格，才會很快接受猶太人不算人類的說法，把握機會盡虐待之能事，好比孩子學會如何以折磨小動物為樂。

當前社會尚未研擬一套措施，可以有效找出並因應病態人格患者。從北歐刑事機構現有文獻看來，只要有足夠的時間，確實有可能矯正一些病態人格的罪犯。懷疑論者會宣稱，許多病態人格患者本來就能隨時間好轉，部分案例中也確實如此。但還有另一項可能的治療方式，即設法讓患者融入當地社區之中，不去窺探患者的內心世界，有時反而有助建立長期缺乏的人際關係，藉此矯正他的反社會行為。

參考資料

1. Willett, T. C., *Criminal on the Road* (London: Tavistock, 1964).
2. Playfair, Giles, and Sington, Derrick, *The Offenders* (London: Secker & Warburg, 1957), p. 43.
3. Tony, and Allerton, Robert, *The Courage of his Convictions* (London: Hutchinson, 1962), p. 34

第十二章

減少敵意的方法

◎ 盡可能控管敵意的不良面向

◎ 限縮軍武能達到和平嗎？

◎ 從國家這個群體單位思考

◎ 敵我關係中對彼此的想像

◎ 儀式化的競爭行為

◎ 人口爆炸對生存安全形成巨大威脅

◎ 參考資料與相關書目

精神科醫師習於處理他人的情緒問題，專業訓練又讓他們相信自己對於人性有特殊見解，因此傾向在不同專業領域提供建議，但偏偏他們在這些領域純屬業餘。社會行政的圈子與政壇尤其如此，儘管人的因素最終會是關鍵，但日常決定必須以實務為出發點，多半忽略精神科醫師重視的人性情感面向。因此，若以為動物行為學、精神分析學或相關學門的見解會立即影響政治人物或全球時事，未免痴人說夢。我們與孩子活在核災威脅的陰影之下，必須深感慶幸能年復一年活下來，但不必期待這輩子見得到世事明顯好轉。

盡可能控管敵意的不良面向

儘管如此，我們對人性的看法與自我認知與日俱增，長期下來必定會產生效用。全然相信這類觀點會改善人類命運實屬荒唐，忽略心理學與生物學對人類的觀點同樣不智。因此，本章重點在於把我們對人類心理的有限知識，應用於控制內在的敵意，期盼子孫不至於像我們這樣面臨滅絕的威脅。

我們可以從兩個互補的角度，設法控制人類對彼此敵意的不良面向。其中之一是思考如何降低敵意中的妄想因子，即避免攻擊衝動轉化為仇恨；另一個角度，則是思考如何鼓勵宣洩這股衝動的良性面向。關於後者，第五章所引用的溫尼考特醫生名言，恰好可以派上用場：「若社會陷入險境，不會肇因於人類的攻擊性，而是個人攻擊衝動的壓抑。」

行文至此，我不斷努力說明攻擊慾跟性慾一樣，是與生俱來的強大動力。根據生物學最新研究，所謂攻擊衝動不過是受挫反應的理論已站不住腳。我們務必要揚棄受挫攻擊性假說隱含的無用樂觀態度，進而正視一項事實：人類與其他動物一樣，都繼承了祖先的攻擊衝動，這是無法消除的本質，也是生存的必存條件。

精神科醫師與精神分析師常會受到民眾諮詢，盼望他們提供教養的建議，他們也一直樂於承擔這份責任。但正如精神分析師查爾斯．雷考洛夫（Charles Rycroft）最近在《精神分析觀察誌》一書中指出，精神分析師在這方面不見得較有專業素養，足以提供父母適當的建議。精神分析師的主要任務是了解病患，並且幫助病患了解自己。當他宣稱是教育和育兒的專家，就等於踰越了自己的分際。儘管如此，可以確定的是，只要增加對幼兒需求的知識和理解，久而久之便有愈多人懂得重視滿足這些需求，進而減少成年時期的內在敵意，畢竟這是源自童年的剝奪。瓦許本教授提及嬰兒所受的照顧太過隨便，其實說到了重點。我們都曉得，早年的情緒氛圍與嬰兒的照顧方式，對他們未來的快樂與健康至關重要。然而，儘管不斷有人一味勸父母要多愛孩子，卻少有人列出情感剝奪與照顧不周的具體影響，基於實證的教養建議也極為有限。

嬰兒要用包巾嗎？不同方法對日後性格發展有何影響？母親應該花多少力氣照顧孩子？母親要照顧孩子的重擔如何適當地讓家人分攤？孩子跟祖父母與表親

住在同一個屋簷下比較容易有均衡的發展，還是單獨由一對夫妻付出全心全意的關愛，沒有親戚的干擾與支持，比較容易促進情感發展的平衡？母親的親餵時間超出西方文化主流趨勢是利是弊？這類問題我們無法回答。但關注早期情感發展的奧地利心理學家瑞內．史皮哲（Rene Spitz）等研究人員，藉由直接觀察嬰兒，可望有朝一日會提供部分答案；而根據其他動物行為研究，我們也已獲得不少全新的發現。前幾章引述了哈洛針對幼猴的實驗，其中一項結論出乎預料也令人安心：只要給予幼兒足夠的同年陪伴，便可以大幅減少母愛缺乏的影響。雖然我們現有資料嚴重不足，仍有理由期盼日後為人母親者，除了天性使然的智慧之外，還能具備如何滿足孩子需求的相關知識，進而減少世界上把攻擊衝動轉為仇恨的人數。

有些學者主張在當代文明條件下，相較過去四處捕獵的祖先，人類的攻擊本質不再具有同樣的生理適應能力。但生理變化的速度十分緩慢。目前尚未出現任何突變，導致我們跟史前祖先截然不同；我們擁有相同的本能，用來確保人類的存續，可說是場永無止境的奮鬥。在前面章節中，我們指出人類特有的攻擊性與依賴有關，以及妄想型人格患者把自己想像得很弱小、加害者卻很強大。人類對於妄想的偏好也許源於整個群體而非個體。人類天生的防衛或攻擊手段出奇地匱乏，譬如皮膚跟許多哺乳類動物的毛皮相比實在又薄又敏感，另外還缺乏足夠毛髮保暖、沒有長角、指甲未強韌到可以當作爪子、牙齒咀嚼能力良好但不足以當成武器等等。難怪人類容易自認弱小又缺乏保護，因為從比較動物學看來確實如此。

由於大腦發展的緣故，人類雖然天生缺乏攻擊防禦能力，但一直都能透過發明武器來彌補這方面的不足。武器的發明很可能早於智人的演化，而類猿人祖先特有的凶猛犬齒之所以縮小，是因為這些天然武器被人造武器所取代。介於類人猿與人類之間的南方古猿，腦部略大於大猩猩，已會使用原始狩獵武器。身為缺乏專門技能與保護的人類，必定得夠聰明才能生存，但人類聰明反被聰明誤。原始武器的發明實屬必要，否則智人說不定難以存續或演化；但現代武器遠遠超越了牙齒或利爪的替代品。雖然犬儒人士可能會說氫彈是為適應環境所生，因為也許能解決人口過盛的問題，但他們想必難以主張核武會像矛或手斧的發明，真正有助人類的生存。

心理學界對於武器的發展史頗有興趣，因為遠距離殺敵與近距離殺敵在情感上截然不同。若人類的打鬥僅限於拳腳，死亡人數勢必還是不容小覷，畢竟人類的妄想會凌駕於天生抑制作用，不像多數動物會避免對輸家趕盡殺絕。另外，一如康拉德．勞倫茲所指出，正因為人類嚴重缺乏與生俱來的武器，所以避免傷害同類的抑制力較弱。天生自保能力較好的動物，較會受到抑制作用的保護，避免種內相殘的情況；假如人類生出長牙或頭上長出硬角，便較不容易互相殘殺。人造武器的設計太過精密，人類不可能天生有足夠的預防機制。不過，偶爾仍會見到抑制作用的蛛絲馬跡，許多人看到敵人倒地時會抗拒上前再踹兩腳，甚至會對受傷的敵人感到同情或伸出援手。然而，只要雙方拉開一定距離，這些「正派」行為就會不復存在。由此可見，轟炸機飛行員並沒比其他人高尚或低劣；要他們把一罐汽油倒在三歲小孩頭上後點火，十之八九會拒絕從命。但叫一個好人開著戰機飛越在村莊幾百英呎之上，他便可以投擲威力強大的炸彈與汽油彈殘害底下的男女老少，絲毫不會有任何悔意。他與被轟炸受害者之間的距離，讓受害者成為單純的軍事目標，不再是他能感同身受的人類。

我們無法指控核武戰略顧問像轟炸機飛行員那般傷害人類，但他們討論這些「駭人行徑」時的用語，卻展現了同樣的運作機制。與他人的「距離」不見得是身體距離，可能是單純的心理距離。數學家阿納托．拉普波特（**Anatol Rapoport**）在《戰略與良心》（*Strategy and Conscience*）一書中指出，人類的抽象思考能力抹去了問題實質內容，讓戰略顧問在討論核武威脅與反制措施時，彷佛完全不會涉及人類。「大量死亡」一詞也許在討論抽象戰略時很實用，但若以長崎和廣島的慘痛經驗來看，就成了醜陋的暴行。

身體與心理的距離讓人得以泛泛而談。人類憑藉自身的聰明才智，可以讓自己從本能情感抽離，進而犯下各種可怕的暴行。雖然不可能要美國五角大廈和俄國克里姆林宮在牆上貼滿廣島原爆的照片，用以讓戰略顧問明白他們的討論所造成的真實影響，但曾有位美國總統在桌上擺了一句標語：「責任推拖，到此為止」（The buck stops here），似乎還無法相信最終責任在己的現實。若戰略顧問專家能時時提醒自己，未嘗不是一件好事[37]。

限縮軍武能達到和平嗎？

遠距殺人武器的發明，加上人類抽象思考的能力，堪稱人類生存的一大威脅。因此理論上而言，只要嚴禁這些武器，特別是核武，理應有助保障人類的生存，那裁軍是否為務實的作法呢？

我不得不坦承，這樣的願景不可能實現。人類對武器的需求，源自其天生的脆弱。現代武器具有誇張的無差別殺傷力，但遺憾的是，不代表我們有可能完全不使用武器。赫德利・布爾[38]在《限縮軍備競賽》（*The Control of the Arms Race*）這本思慮周密的佳作中主張，若要達成和平穩定的局面，可能的作法是由擁核國家敲定周延的協議，而非試圖廢除這些可怕的核武。撰文當下有項令人樂見的國際情勢發展：美俄兩國可望達成布爾先生提倡的周延協議，雙方政府都著重於限制昂貴飛彈防禦系統的開銷，同時設法維持當前的「恐怖平衡」。

---

37 指第三十三屆美國總統杜魯門（Harry S. Truman, 1884-1972）。

38 赫德利・布爾（Hedley Bull, 1932-1985）：英國學派國際關係學者，筆下《無政府社會》是國際關係領域的經典之作。

我也同意布爾先生的推論，即在可預見的未來，世界各國可能仍然會彼此敵視，這是我們必須接納的現實。他指出：

……當前世界各國坐擁軍備、互不相容，情勢十分險峻，時刻存在著戰爭與戰敗的風險……我們無法指望連基本合作都辦不到的國家，揚棄侵略、改以締約建立世界政府；無法指望各國政府自主地徹底裁軍，因為只要是關鍵議題，他們都會訴諸暴力手段，絕不會接受失敗；也無法指望捲入政治衝突的各國政府，透過心理治療、教育、道德再造或政治教化等手段，致力消弭這些衝突的源頭。

無論看似有多麼不可能，由單一世界政府壟斷核武的願景令人嚮往。然而，就我們當前的知識現況看來，我認為必須把這個願景當成烏托邦的理想，如同梅蘭妮．克萊恩希望兒童分析成為所有人教養的一環那樣難以實現。人類是好勝心強、凶悍又重視地盤的動物；人類也是社會動物，不僅需要同溫層支持，也需要對手來凸顯自己，以確立自我認同。有鑑於這些生理與心理特點，國家不太可能會放棄自己的主權，如同狒狒不太可能拋棄現在各自獨立的群體，改為組成一個大家庭。前面章節也提到，即使團體內成員高度認同彼此，依然無法避免衝突發生。因此，除非地球遭到其他行星的威脅，或發生巨大無比的災難，否則難以想像全人類會在單一政府領導下團結一心。確實，我們也許不應該在單一政府下，將所有人團結成更大的集合體，而是該分成具有更多自主權的一個個小群體。

當代生活一大特點在於文明體制的規模與複雜，而這容易把攻擊能量轉化為恨意。當一個人扮演著或自覺是龐大機器中不重要的小螺絲釘，就被剝奪了積極自我肯定的機會，以及適當的榮耀與自尊。這個無用感必定會喚起童年初期無力與脆弱的感受，因而容易將未宣洩的正常攻擊衝動，轉化為恨意與憎惡。自食其力的工匠只要擁有成就感，便不太會敵視自己的同行，但大公司底下的員工若自認是無名小卒，就容易心生惡意。

過大的群體不利於建立個人價值，權力過度集中也是如此。我認為，只有當人類生活於小群體內較可能快樂，因為攸關個人利益、又有足夠的權力，相信自己多少能產生影響力決定自己的生活條件。即使小如英國，距離倫敦遙遠的居民也普遍認為，自己的需求沒人理解、遭受忽略。因此，蘇格蘭和威爾斯時不時興起國族情感，南愛爾蘭則抱持著不滿。即使在英國本土，都很難讓所有公民覺得自己是國家的一份子。

從國家這個群體單位思考

部分證據顯示，集體化會導致生產力下降。根據最近一位作家所言，蘇俄的私有土地僅占耕種總面積的百分之三，卻生產了該國所需將近一半的蔬菜、肉類與牛奶，四分之三的蛋以及三分之二的馬鈴薯。理想情況下，人類生活的社區必須夠小，讓彼此保有自我身分、促進個人生產力，並且與鄰近社區保持競爭關係。榮格曾表示，就他所知，瑞士國內政治鬥爭極為激烈，但瑞士卻能在歐洲大半國家捲入戰爭時，成功避免陷入其中。當然，瑞士特殊的地理位置有助避免外在衝突，但也可能是因為各邦州的競爭關係，進而如榮格所言內化了瑞士本身的攻擊性。

實在不幸的是，龐雜的西方文明往往會衍生出很大的群體，而非獨立的個體。飛機公司、汽車製造商與其他西方科技產品生產商的整併，在心理學上並非好事，因為一方面大企業會減少個人確立自我身分的機會，另一方面則無法像以前那樣，不同公司生產類似又不完全相同的產品，得以保持競爭關係。戰爭時，人民也許能對整個國家產生認同；但在承平時期，人民較容易認同一個村莊、國家或邦州。另外，把邪惡侵略者的形象投射於遙遠的國家實在太過簡單，畢竟素昧平生又語言不通，但要投射於鄰居身上就困難多了。

想要減少國家或團體間的妄想型投射作用，當然有些方法可行。這些方法多半已為人所知，只是各國政府未能積極落實。目前各國間存在的極度不平等，明擺著是敵意的溫床。長期看來，落後國家的工業化與較平均的財富分配，都有助減少妒忌與仇恨。

另一項可能，則是由各國政府敲定協議，決定學校要教哪些語言。只要有了溝通的可能，就會減少對他人產生敵意的傾向。若人民普遍都能說英語、法語與俄語，便有助消弭人與人之間的誤解。我曾親眼見過一位享譽盛名的英國科學家，每次只要出國，內心潛藏的妄想型人格就會浮現。他不過才跨越了英吉利海峽，就相信那裡的人對自己不友善，認為所有人都在說他壞話，只因為他不懂當地的語言。回到母國後，這些症狀卻幾乎都自動消失了。

鼓勵國際交換學生、提倡不同族群通婚必定有利無弊。更重要的是，發展出不同政治制度的各國，必須要主動減少引致惡意的政治宣傳。

敵我關係中對彼此的想像

阿納托．拉普波特在《鬥爭、博奕與辯論》（*Fights, Games and Debates*）中，討論了博奕理論在國際紛爭的應用。玩遊戲時，一般人通常會假設對手像自己一樣，遇到困境會做出差不多的選擇。然而，兩國發生利益衝突時，這樣的假設往往不再適用，而是想像敵人有全然不切實際的敵意。

「資本主義人士」對於「共產主義人士」作出種種以偏概全的論述，荒謬程度不亞於「共產主義人士」對「資本主義人士」或偏離其政治理念之異端所作的泛論。拉普波特在書中收尾收得漂亮，先請一位共產主義人士捍衛資本主義論述，再要一位資本主義人士提倡共產主義對社會的見解，結果顯示若雙方可以「假設彼此想法相近」，彷彿平時玩益智遊戲那樣，對於彼此的投射作用幾乎就不復存在，進而消除非理性敵意的根源。

我們亟需相關的國際研究，找出那些避免戰爭的國家具備何種政治心理因素，可以不受人類好戰天性的影響。同時，鼓勵各個領域的競爭，顯然也可以減少敵意，避免戰爭發生。一九六三年，在生物研究所的一場會議上，我建議我們不但不必譴責太空競賽的支出，反而應該展開雙臂歡迎。因為這類競爭可以視為把衝突儀式化，好比動物之間的儀式化衝突，可以降低戰爭發生的可能性。同樣地，跨國體育賽事也是有利無害，其他領域的競爭也應該多加鼓勵。何妨建議聯合國等國際組織撥款，辦理一連串的年度國際賽事？實力相近的國家理應每年競爭，看看誰能設置營運最有效率的精神病院、生產最安全的汽車、建出最具設計感的議事廳等各式各樣的可能競賽。這不過是諾貝爾獎的延伸，而且此舉不難激起全國民眾對相關事物的熱忱，足以影響文化中的每一份子，就好比世界盃能引發民眾對足球的熱情一樣。

儀式化的競爭行為

康拉德．勞倫茲在《論攻擊性》一書中，討論到人類社會中的體育活動，具有把競爭儀式化的生物功能，避免導致相互殘殺。這項論點受到韋恩—愛德華茲教授的背書，他針對地盤保衛行為的著作《動物的社會行為與分布》，前文也已引述，書中還提到：

因此，個體間的直接競爭通常會採取約定俗成的形式。在大部分的情況中，個體也許藉由本身的適應力或制約作用，接受象徵競爭的方法所做的決定。同一物種成員間的原始蠻力和互相殘殺，在社會競爭中的地位已然勢微。

若這點適用於動物與人類社會，我們應該就不必擔心氫彈的威脅了。然而，就目前情勢而言，仍有些因素讓人類難以像動物界的遠親，採取有利自我生存的行為。

本章中，我們探討了部分因素，譬如人類妄想型投射的潛能、人造武器的發明與掩蓋主體性的龐大群體。第四項因素則是人口的驚人成長，不但讓人類以強烈的敵意宣洩攻擊衝動，也不利於將攻擊性儀式化、變成約定俗成的競爭。說來弔詭，人口過盛竟是人類存續的最大威脅。

前面章節已指出，人類跟其他物種一樣，過度擁擠絕對是敵意的溫床。我們都需要生存的空間，但對於每個人、每個家庭的空間大小卻未有任何思索。有鑑於人口爆炸威脅全人類，這已是刻不容緩的問題。本世紀結束前，人類很可能因為糧食短缺而自相殘殺。雖然農業專家主張，現代糧食生產方式可以提升全球糧食供給量，足以養活四百五十億人，目前沒有跡象顯示糧食供給追得上人口成長。確實，一九六五年的世界人口成長了百分之二，但糧食生產量只增加了百分之一。開發中國家有數百萬人已面臨挨餓的窘境，但人口依然飛快成長，到了兩千年，地球上的人口會是現在的兩倍之多[39]。

即使糧食供給的問題可以克服，除非將世界上人煙稀少的地區改造得適宜人居，否則人口增加必定會導致敵意增加。隨著西方文明拓展，都市化與人類群聚的現象也愈來愈普遍，推升了人口密度。我們早已遠離史前時代的生活，當時原始人群體的規模不過五六十人。動物這般自我設限可避免過度擁擠和過度繁殖，

39 本書初版為一九六八年問世，當時全球人口約為三十七億；二千年的人口則為六十億，低於作者的預估數字。

原始人也依循著這項本能，否則人口早就會上升了。當代文明已揚棄了殺嬰的習俗，也不鼓勵婦女墮胎；部分原始社會禁止哺乳期婦女發生性行為，並鼓勵母親親餵三年以上以降低生育率。當代社會則沒有這些限制，生活富裕又讓人早婚，進一步推升了人口。以往出現過多次大瘟疫讓人口銳減，現在多半已被根除。根據估計，十四世紀肆虐歐洲的黑死病造成七千五百萬人死亡；如今，造成社會滅絕的並非傳染病，而是饑荒。當代醫學與衛生的進步降低了死亡率，因此每天出生人數是死亡人數的兩倍。面對全球每年有六千三百萬名新生兒嗷嗷待哺，本書關注的心理問題顯得無足輕重。

人口爆炸對生存安全形成巨大威脅

在所有因素當中，人口爆炸最有可能引另一種爆炸。氫彈無疑是減少全球人口最有效的方式，也是展現敵意最駭人的方式。誰敢說不斷增加的人口，不會遭到終極的爆炸給殲滅呢？

由此可推論，減少全球人口或至少抑制人口暴增，是人類降低敵對衝突至關重要的一步，任何其他考量都是次要，即使是給予未開發國家人道、醫療或財務援助這類自然的衝動也一樣。這項論點聽起來殘酷，也確實無情。但凡是衛生與飲食獲得改善、醫療照護到位，結果就是死亡率快速下降，嬰兒死亡率尤其如此，以及出生率上升。沒過多久，就得餵飽更多人口；原本用意是減輕困苦的方法，到頭來卻讓人類處境更加悲慘。

人道考量會讓我們無法避免西方醫學的傳播。我們不可能拒絕治療疾病，也不可能不餵飽飢民。但我們要主張的是，控制出生率與改善社會得雙管齊下。生活水準提高的代價就是家庭節育計畫。控制死亡率就要同時控制出生率，否則我們只有死路一條。老實說，一切可能都已太遲了，因為主要信奉羅馬天主教的國家，以及現代醫學普及的地區，只需要短短二十三年，人口就足以翻倍。

假如所有國家都能仿效日本——過去二十年來，日本出生率已減半——問題也許就能迎刃而解。不幸的是，目前看來最終的解決方案只有引爆氫彈一途了。

即使是已屆中年的民眾，這輩子都得面臨國際敵對情勢上升，導致政治領袖們的壓力愈來愈大。前面的章節提到，若把國家福祉交給高瞻遠矚或偏執妄想的人決定，可能是件危險的事。希特勒的例子殷鑑不遠，但凡是瀰漫著絕望氛圍的國家，都可能誕生類似的極權領袖。另外，即使是英國這類歐美國家，都尚未淘汰過於年邁或心理健康堪慮的領導者。近年來數一數二糟糕的政治決策，就是出自一位首相[40]之手，他在緊張的國際情勢之下服用安非他命，嚴重危害個人的判斷力。我們應該要建立一套政治制度，只要同仁判斷領袖已不適任就可逼他下台，政敵也不會被指控是滿足自我的野心。政治人物通常聰明絕頂，具有比常人更多的幹勁。儘管如此，他們當初決定了自己的政治生涯，不像其他行業要科班訓練或考試檢定，藉此證明自身具備足夠知識或智慧，這代表他們適任與否所受的監督少於醫師或律師。我們理應能改善國家領袖的遴選方式。

真要找到一個務實的制度，用來掌控、利用政治爭論常見的較勁與尋釁，民主似乎是目前最佳的解答。雖然運作費時又具不確定因素，但相較於其他政治制度，民主具有決定性的優勢，即有在野黨來制衡政府，還賦予激烈爭辯的空間。的確，國會下議院說不定可作為宣洩攻擊衝動的表率，因為它提供了「敵人」這個實用的角色，並且鼓勵異議的表達，但藉由讓不同意見的雙方面對面辯論，他們就很難把妄想的形象投射到彼此身上。無怪乎常有人提到，在言論自由受到保護的國家，政敵在公開場合吵得激烈，但私底下可能握手言歡。有些國家也許暫

40 此處應指一九五五年接替邱吉爾的英國保守黨明星安東尼・艾登（Anthony Eden），他擅自決定入侵埃及，發動「第二次中東戰爭」，後來被迫下台。

時由共產政府治理比較好，要實施歐美民主制度仍言之過早，但就心理學的角度而言，實在難以挑剔把民主當成理想的政治制度。

總而言之，我呼籲學界要進一步研究。我們人類受到自身破壞本性的威脅，除非我們更加了解自己，否則必定無法學會控制這個衝動。綜觀歷史，人類因為不了解自己的本性，便一再受到無知所囿，只會以不切實際的烏托邦幻想彌補落差，而不懂得面對真實的自我。本書已充分展現，人類的自我認知淺薄得不可思議。我們還有好多不懂的事、好多有待挖掘的發現。若我們人類要生存下去，就需要盡可能去認識我們的本質、我們的發展、我們的需求、我們的制度與我們的優缺點。儘管從生物角度來看，人類是演化得十分成功的物種，但在許多方面依然差強人意；但無論如何，我們都必須接納自己的本質。

參考資料

1. Rycroft, Charles, *Psycho-Analysis Observed* (London: Constable, 1966; Harmonsworth: Penguin).
2. Gaskill, Herbert S. (ed.), *Counterpoint*, A Tribute to René A. Spitz (New York: International Universities Press, 1963).
3. Le Gros Clark, Sir Wilfred E., *Man-Apes or Ape-Men* (New YorkL Holt, Rinehart & Winston, 1967).
4. Rapoport, Anatol, *Strategy and Conscience* (New York: Harper & Row, 1964).
5. Bull, Hedley, *The Control of the Arms Race* (London: Weidenfeld & Nicolson, 1961). Pp. 202-3.
6. Ardrey, Robert, *The Territorial Imperative* (London: Collins, 1967), pp. 115-16.
7. Rapoport, Anatol, *Fights, Games and Debates* (Ann Arbor, Mich.: University of Michigan

Press, 1960).

8. Storr, Anthony, 'Possible Substitutes for War', in Carthy and Ebling (eds.), *The Natural History of Aggression* (London: Academic Press, 1964), p. 143.

9. Lorenz, Konrad, *On Aggression* (London: Methuen, 1966).

10. Wynne-Edwards, V. C., *Animal Dispersion in Relation to Social Behaviour* (Edinburgh: Oliver & Boyd, 1962), p. 131.

參考資料與相關書目

1. Berkowitz, Leonard, Aggression: *Social Psychological Analysis* (New York: McGraw-Hill, 1962).
2. Ciba Foundation, *Conflict in Society* (London: J. & A. Churchill, 1966).
3. Carthy, J. D., and Ebling, F. J. (eds.), *The Natural History of Aggression* (London: Academic Press, 1964).
4. Frank, Jerome D., *Sanity and Survival* (London: Barrie & Rockliff, The Cresset Press, 1967).

5. Fromm, Erich, *The Anatomy of Human Destructiveness* (New York: Holt, Rinehart & Winston, 1973).
6. Gardiner, Muriel, *The Deadly Innocents* (London: Hogarth Press, 1977).
7. Gurr, Ted R., and Graham, Hugh D., *The History of Violence in America* (New York: Bantam Books, 1969).
8. Lorenz, Konrad, *On Aggression* (London: Methuen, 1966).
9. Renvoize, Jean, *Web of Violence* (London: Routledge & Kegan Paul, 1978).
10. Rochlin, Gregory, *Man's Aggression* (Boston: Gambit, 1973).
11. Russell, Claire, and Russell, W. M. S., *Violence, Monkeys and Man* (London: Macmillan, 1968).
12. Wynne-Edwards, V. C., *Animal Dispersion in Relation to Social Behaviour* (Edinburgh: Oliver & Boyd, 1962).
13. Yates, Aubrey J., *Frustration and Conflict* (London: Methuen, 1962).

索引

（以下依首字筆劃順序排列）

一至五劃

六至十劃

十一至十五劃

十六劃以上

NEW
RG8037

我們都是惡人

從人際關係到國際政治，由心理學認識人類生來就要作惡的本性，我們該如何與惡相處並利用其正面價值？

Human Aggression

•原著書名：Human Aggression•作者：安東尼．史脫爾（Anthony Storr）•翻譯：林步昇•封面設計：蔡佳豪•責任編輯：徐凡•國際版權：吳玲緯•行銷：巫維珍、何維民、蘇莞婷、黃俊傑•業務：李再星、陳紫晴、陳美燕、馮逸華•副總編輯：巫維珍•編輯總監：劉麗真•總經理：陳逸瑛•發行人：凃玉雲•出版社：麥田出版／城邦文化事業股份有限公司／104台北市中山區民生東路二段141號5樓／電話：(02) 25007696／傳真：(02) 25001966、發行：英屬蓋曼群島商家庭傳媒股份有限公司城邦分公司／台北市中山區民生東路二段141號11樓／書虫客戶服務專線：(02) 25007718 ; 25007719／24小時傳真服務：(02) 25001990 ; 25001991／讀者服務信箱：service@readingclub.com.tw／劃撥帳號：19863813／戶名：書虫股份有限公司•香港發行所：城邦（香港）出版集團有限公司／香港灣仔駱克道193號東超商業中心1樓／電話：(852) 25086231／傳真：(852) 25789337•馬新發行所／城邦（馬新）出版集團【Cite(M) Sdn. Bhd.】／41-3, Jalan Radin Anum, Bandar Baru Sri Petaling, 57000 Kuala Lumpur, Malaysia.／電話：+603-9056-3833／傳真：+603-9057-6622／讀者服務信箱：services@cite.my•印刷：前進彩藝有限公司•2020年3月初版一刷•定價350元

國家圖書館出版品預行編目資料

我們都是惡人：從人際關係到國際政治，由心理學認識人類生來就要作惡的本性，我們該如何與惡相處並利用其正面價值？／安東尼．史脫爾（Anthony Storr）著；林步昇譯. -- 初版. -- 臺北市：麥田出版：家庭傳媒城邦分公司發行，2020.03

面；　分. --（NEW不歸類；RG8037）

譯自：Human Aggression

ISBN 978-986-344-745-0（平裝）

1. 性惡論　2. 人格心理學

191.62　　109001256

城邦讀書花園
www.cite.com.tw